EVA VON OHEIMB
BETTINA NEUMANN
NANDO ESTEVA

EINE KULINARISCHE ENTDECKUNGSREISE AUF MALLORCA

UMSCHAU

Inhalt

Inhalt

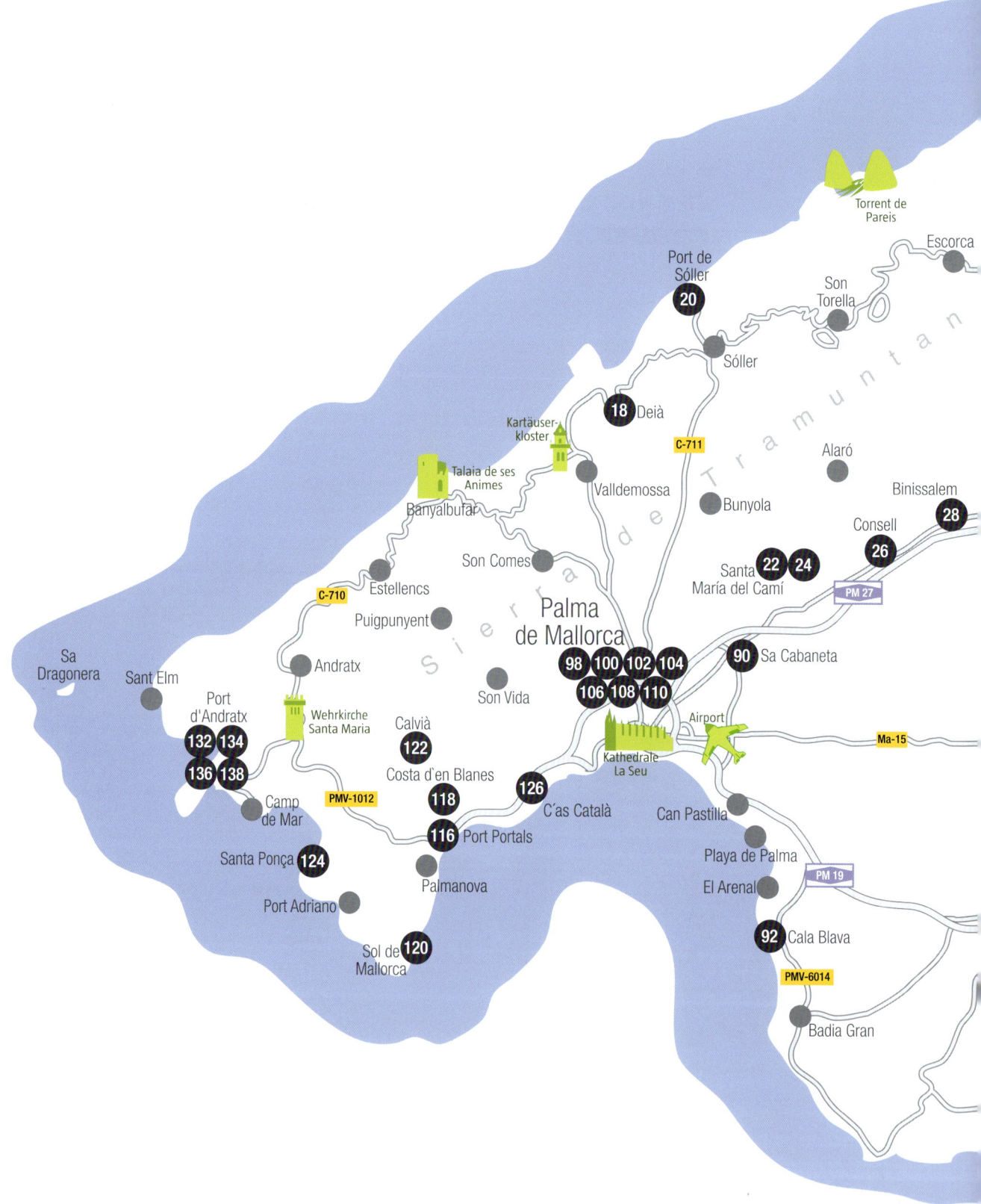

Torrent de
Pareis

Escorca

Port de
Sóller
20

Son
Torella

Sóller

18 Deià

Kartäuser-
kloster

C-711

Alaró

Talaia de ses
Animes

Valldemossa

Bunyola

Binissalem

28

Banyalbufar

Son Comes

Consell
26

Estellencs

C-710

Sierra de Tramuntan

22 **24**

Santa
María del Camí

PM 27

Puigpunyent

Palma
de Mallorca

Sa
Dragonera

Andratx

98 **100** **102** **104**

90 Sa Cabaneta

Sant Elm

Son Vida

106 **108** **110**

Port
d'Andratx

Wehrkirche
Santa Maria

Airport

Ma-15

132 **134**

Calvià

Kathedrale
La Seu

136 **138**

122

Camp
de Mar

PMV-1012

Costa d'en Blanes

126

Can Pastilla

118

C'as Català

116 Port Portals

Playa de Palma

Santa Ponça **124**

Palmanova

El Arenal

PM 19

Port Adriano

92 Cala Blava

Sol de
Mallorca **120**

PMV-6014

Badia Gran

Cala Sant
Vicenç

Port de
Pollença

PM-221 Formentor

Cap Formentor

Pollença

38

Alcúdia

Alte Stadtmauer

Monasterio de
Lluc

40 Port
d'Alcúdia

Platges de Muro

Naturpark
S' Albufera

Can Picafort

Serres de Llevant

Cala
Mesquida

Sa Pobla

Son Serra
de Marina

Ermita de
Betlém

Cala Ratjada

Caimari

C-712

54

Inca

42

Muro

Coloniá de
Sant Pere

50 **52**

Capdepera

36

Santa
Margalida

44

Pfarrkirche
Transfiguació

Artà

56

Canyamel

PM-343

PM-324

PM-404

Sineu

Sant Llorenc
des Cardassár

Son Servera

64

62

Cala Millor

Vilafranca
de Bonany

Manacor

66

Portocristo

a

Höhlen
Coves del Drac
Coves dels Hams

Randa
Santuari de Cura

Porreres

Llucmajor

Felanitx

Cales de
Mallorca

C-717

PM-512

Wallfahrtsstätte
Santuari de
Sant Salvador

Campos

Cas Concos
des Cavaller

68

Portocolom

PMV-6014

s'Alqueria
Blanca

Cala d'Or

PM-604

Portopetro

Sa Ràpita

76

80

Santanyí

78

Parc natural de
Mondragó

82 **84**

Playa Es
Trenc

Ses Salines

74

Cala Figuera

Coloniá de
Sant Jordi

Sa Cabrera

Govern de les Illes Balears

Conselleria de Turisme i Esports

Vorwort

Ein weiteres Jahr habe ich die Ehre, eine neue Publikation des Umschau-Verlags zu präsentieren, die diesmal der Gastronomie gewidmet ist: *Eine kulinarische Entdeckungsreise auf Mallorca.* Ein umfassender Wegweiser, der demjenigen als Referenz dienen wird, der Mallorca als Urlaubsziel wählt und bei seinem Inselaufenthalt auch die Traditionen, unsere Kultur und natürlich die Küche der Insel kennenlernen möchte.

Der Gastronomietourismus ist derzeit einer der kreativsten und dynamischsten Segmente. So konsolidiert sich die Gastronomie als ein Schlüsselelement in der touristischen Diversifizierung und trägt zur lokalen wirtschaftlichen Entwicklung bei.

Das gastronomische Angebot ist Teil der Strategie der Balearenregierung als ein fundamentales Element für einen vielfältigen und sich unterscheidenden Tourismus, woran wir beständig arbeiten. Erst kürzlich fand das 1. Forum für Tourismus und Gastronomie statt, derzeit arbeiten wir an einer zweiten Ausgabe.

Mallorca bietet unzählige Freizeitangebote. Eine Art, sich der Geschichte und den Gebräuchen unserer Insel zu nähern, erfolgt zweifelsohne über die Gastronomie.

Ich lade Sie ein, diesen Ratgeber zu genießen, in dem Sie eine große Auswahl an Restaurants entdecken und einen wichtigen Teil unserer Kultur kennenlernen werden.

Carlos Delgado Truyols
Inselrat für Tourimus und Sport

Un año más tengo el honor de presentar una nueva publicación de la editorial alemana Umschau, en esta ocasión dedicada a la gastronomía: Eine kulinarische Entdeckungsreise auf Mallorca. *Una completa guía, que va a servir de referencia a quien decida escoger Mallorca como destino de sus vacaciones y desee completar su estancia en la isla con la experiencia de conocer también sus tradiciones, su cultura y, como no, su gastronomía.*

El turismo gastronómico es actualmente uno de los segmentos más creativos y dinámicos. La gastronomía se consolida así como un elemento clave para diversificar la oferta turística y estimular el desarrollo económico local. El producto turístico de gastronomía forma parte de la estrategia del Gobierno de las Islas Baleares como uno de los elementos fundamentales de oferta turística diversificada y diferenciadora en la que estamos trabajando. Recientemente celebramos el I Foro de Turismo y Gastronomía y actualmente ya se está trabajando en la preparación de la segunda edición.

Mallorca ofrece un sinfín de posibilidades de ocio y una manera de acercarse a la historia y costumbres que son propias de nuestra isla es, sin duda, a través de nuestra gastronomía. Le invito a disfrutar de esta guía en la que va a encontrar una amplia selección de restaurantes y a conocer una parte importante de nuestra cultura.

Carlos Delgado Truyols
Conseller de Turisme i Esports

Einführung

Eva von Oheimb / Bettina Neumann

Stellen Sie sich vor, Sie steigen in den Flieger und sind innerhalb von zweieinhalb Stunden auf der Sonneninsel Mallorca. Angenehme Temperaturen, warmes Licht, Meer und Sonne satt – Mallorca besitzt ein subtropisch-mediterranes Klima mit durchschnittlich 7,9 Sonnenstunden pro Tag. Die langen Sommer sind heiß und trocken, ideal zum Segeln oder für Wassersportarten aller Art und einen traumhaften Strandurlaub, da man von Ende Mai bis Ende Oktober im bis zu 26 Grad warmen Mittelmeer baden kann. Oft ist das Wasser mit durchschnittlich 25 Grad im Oktober genauso warm wie die Luft. Die kurzen Winter, mit Durchschnittstemperaturen von 15 Grad, sind mild, an wenigen Tagen auch regnerisch, ideal zum Wandern, Radfahren oder für einen entspannenden Wellnessurlaub und mit 24 Golfplätzen ist Mallorca ein Eldorado für Golfer.

Auf der Insel des Lichts können Sie das ganze Jahr über die Seele baumeln lassen! Von Ende Januar bis Mitte Februar verzaubern uns Millionen weiß und rosa blühende Mandelbäume mit dem „Schnee" Mallorcas, der oft noch von dem Schnee des zum Weltkulturerbe gekürten Tramuntana-Gebirges ergänzt wird – ein wunderbares Naturschauspiel. Erlebenswert sind auch die aufwendig gestalteten, historisch bedeutsamen Feste, die auf der größten Baleareninsel mit ihren typischen kulinarischen Spezialitäten gefeiert werden.

Wir wollen Ihnen in *Eine kulinarische Entdeckungsreise auf Mallorca* unsere Lieblingsrestaurants vorstellen, von denen jedes einzelne ein ganz besonderes Flair hat und in denen Ihnen die Küchenchefs ganz unterschiedliche kulinarische Genüsse kredenzen. Gaumenfreuden par excellence! Sie werden Mallorca kennen und lieben lernen, durch wunderschöne Landschaften fahren und idyllische, ganz ursprüngliche Orte entdecken, die nicht in jedem Führer stehen. Dabei ist die Küche so vielfältig und voller Überraschungen, wie die gesamte Insel!

Unsere Reise beginnt an der wunderschönen Westküste Mallorcas, in Deià und Sóller, dem Tal der Orangen. Parallel zur Tramuntana folgen Santa Maria, Consell, Binissalem, Caimari, Inca und Pollença.

Weiter geht's vom besinnlichen Norden in den landschaftlich reizvollen Osten: von Alcúdia, Muro und Santa Margalida über Artà, Cala Ratjada, Capdepera, Son Servera, Sant Llorenç des Cardàssar, Manacor, Portocolom, Cala Figuera nach Santanyí und dem entzückenden Ses Salines. Kurz vor der eindrucksvollen Inselhauptstadt Palma machen wir einen Abstecher nach Sa Cabaneta und schon haben wir den Südwesten der Insel erreicht, der mit Port Portals, Costa d'en Blanes, Sol de Mallorca, Calvià, Santa Ponsa und Port d'Andratx das mondäne Mallorca der Schönen und der Reichen widerspiegelt.

Viel Spaß bei diesem kulinarischen Streifzug über die vielleicht schönste Insel der Welt.

Eva von Oheimb　　　　　　　*Bettina Neumann*

Gourmetinsel

Alles frisch direkt auf den Tisch

Sommer, Sonne, Strand und Meer – was will man mehr für einen gelungenen Urlaub? Der Deutschen liebste Urlaubsinsel bietet darüber hinaus noch ein breitgefächertes gastronomisches Angebot – das ganze Jahr über. Mallorca ist ein paradiesischer Garten Eden, in dem auf 75 Prozent der Gesamtfläche alles wächst und gedeiht, was man zum Leben braucht.

Die Gäste der mehr als 10.000 Restaurants, Bars und Cafés der Insel finden hier ein Schlaraffenland für ihre kulinarischen Genüsse vor: einfache, typisch mallorquinische Küche, Restaurants mit mediterranen, deutschen, italienischen und internationalen Speisen sowie fünf mit Michelin-Sternen ausgezeichnete Gourmettempel.

An den Bäumen wachsen Orangen, Zitronen, Feigen, Khakis und Mandeln. Auf den Feldern werden Tomaten, Kartoffeln, Kohl, Mangold, Auberginen, Artischocken und vieles mehr angebaut. In den Wäldern wachsen schmackhafte Pilze, von denen besonders die *esclatasangs* zu empfehlen sind. Schweine, Schafe und Hühner laufen in ihren Gehegen noch frei herum, Kaninchen, Ziegen und Schnecken sind von der typisch mallorquinischen Küche nicht wegzudenken. Das berühmte schwarze iberische Schwein *porcella negra* liefert den vorzüglichen Schinken *jabugo*, das köstliche Spanferkel *lechona* mit seiner knusprigen, honigbraunen Kruste wird im Holzofen gebraten. Ganz traditionell, gegrillt oder mit viel Gemüse zubereitet, sind Gerichte mit Lamm *cordero*, mit Zicklein *cabrito* oder mit Kaninchen *conill*, zum Beispiel in Mandelsauce oder mit Garnelen verfeinert. Nicht zu vergessen das *porcella amb anfós*, eine delikate Kombination aus Spanferkel und Zackenbarsch, oder das typische *llom amb col*, vergleichbar mit der deutschen Kohlroulade.

Fangfrischer Fisch wie der *llampuga*, der *cap roig*, Tintenfische, Makrelen, *bacalao*, Sardinen oder Langusten sind eine Delikatesse, vor allem, wenn sie mit Inselgemüse zubereitet oder im Salzteig gegart werden. Da auf Mallorca sowohl Katalanisch als auch Spanisch gesprochen werden, darf man sich nicht wundern, wenn die Namen der Gerichte unterschiedlich geschrieben werden.

Ein Muss für alle, die außer dem Gaumen- auch noch einen Augenschmaus nach Hause mitnehmen wollen: Mallorca´s Märkte sind eine wahre Pracht, da sie alles, was die Insel zu bieten hat, farbenfroh und üppig präsentieren – Frische garantiert. Besonders sehenswert sind der „Mercat Santa Catalina" und der „Mercat Olivar" in Palma sowie die zahlreichen Wochenmärkte in allen anderen Orten der Insel. Jeden Mittwoch findet in Sineu einer der schönsten Wochenmärkte statt, da hier auch Tiere verkauft werden. Auf der „Insel des Lichts" lohnt es sich immer – und so oft wie möglich – auf eine Entdeckungsreise zu gehen!

DEM HIMMEL SO NAH

Sterngekrönte Gaumenfreuden der Extraklasse

Der bezaubernde Ort Deià ist eine Reise wert. Hier verwöhnt uns der mit einem Michelin-Stern ausgezeichnete Deutsche Josef Sauerschell mit kulinarischen Genüssen der Superlative, da er seit seiner Kindheit „mit großer Leidenschaft und aus Berufung" kocht. Ihm zur Seite steht seine mallorquinische Frau Leonor, eine Meisterin ihres Fachs, wenn es um perfekt auf das Essen abgestimmte Weinempfehlungen und hervorragenden, sehr persönlichen Service geht.

Eine Erfolgsgeschichte, wie sie im Buche steht. Josef Sauerschell arbeitete in Europas führenden Küchen bevor er 1985 Küchenchef des zum Fünf-Sterne-Hotel gehörenden Restaurants „El Olivo" wurde. Dort lernte er seine Frau als Chef de Maître kennen und lieben. Mit vereinten Kräften holten sie von 1991 bis 1996 ihren ersten Michelin-Stern. Als Hotel und Restaurant von einem internationalen Investor übernommen wurden, ging der Stern verloren. Kurzentschlossen eröffnete das sympathische Paar ihr „Es Racó d'es Teix", von dessen Terrasse und Innenbereich man einen wundervollen Blick auf den malerischen Ort hat, der noch das echte Mallorca widerspiegelt. Im Jahre 2002 wurden die mittlerweile dreifachen Eltern erneut mit dem begehrten Michelin-Stern ausgezeichnet.

„Unser Essen ist einfach und gut, ohne modernen Firlefanz", so das erklärte Credo des Vorreiters der heutigen Gourmetszene auf Mallorca. Mit ihm kochen vier Köche, die vorher in deutschen Sternerestaurants arbeiteten.

Die Jahreszeitenküche ist klassisch-mediterran, kredenzt werden ein Drei-Gang-Mittagsmenü, ein Vier-Gang-Degustationsmenü sowie die hervorragende Auswahl à la carte, begleitet von erlesenen Weinen. Auf der Karte verführen so lukullische Genüsse wie: „Carpaccio vom Steinbutt und Langostinos mit Mango, Brunnenkresse und Saubohnen", „Lammcarrée mit Olivenkruste", „Tagesfisch mit frischem Fenchel", „Tiramisu mit Zitronen-Chili-Eis" oder „Ensaimadapudding" – einfach himmlisch!

ES RACÓ DES TEIX
Josef & Leonor Sauerschell

Lugar Zona Sa Vinya Vella, s/n
07179 Deià
Telefon 0034 / 971 63 95 01
www.esracodesteix.es

ENTSPANNTES ESSEN

Hier kann man die Seele so richtig baumeln lassen

Port de Sóller ist immer einen Besuch wert, fernab von Massentourismus. Wunderschön eingebettet zwischen Tramuntana-Gebirge und Meer, eingerahmt vom duftenden Tal der Orangen. Seit dem 1. Februar 2005 gibt es noch ein Highlight: das „Es Passeig" von Marcel und Yvonne Battenberg, direkt an der Strandpromenade des idyllischen Naturhafens gelegen. Essen und Trinken, im gemütlich-eleganten Restaurant oder auf der großen Terrasse, mit Meeresrauschen und sich wiegenden Palmen. Ideal auch für Familien, denn die Kids können direkt vor Ihren Augen wohlbehütet am Strand spielen.

Das Es Passeig ist täglich von 12.30 Uhr bis 22.30 Uhr geöffnet, von März bis Oktober. Die multikulturelle Gästeschar wächst seit Jahren stetig, die vielen Stammkunden genießen es immer wieder, sich von den sympathischen Gastgebern verwöhnen zu lassen. Marcel Battenberg bezeichnet seine Küche, als *freestyle mediterran*. Sie gilt als eine der kreativsten der Westküste. In aller Munde sind das traditionell am Tisch zubereitete Rindertartar, die „Ein Meter Tapas für zwei Personen", von denen in der Saison bis zu zwei Kilometer verkauft werden und auch das halbflüssige Schokoladenfondant mit frischen Früchten und Vanille-Cassis-Eis ist eine Sünde wert. Ein Renner ist der Hamburger mit Fleisch aus 100 Prozent einheimischem Black Angus, der ursprünglich als Gag auf der Karte stand – sich aber dann so viel Beliebtheit erfreute, dass er heute nicht mehr von dieser wegzudenken ist!

Yvonne Battenberg ist eine Meisterin ihres Fachs und empfiehlt den passenden Wein zu Fisch, Meeresfrüchten oder Fleisch. Wer die Gaumenfreuden des kreativen Chefs nachkochen will, kann ein digitales Kochbuch erwerben, das monatlich via Internet mit neuen Rezepten ergänzt wird (www-el-kochbuch.com).

ES PASSEIG
Marcel & Yvonne Battenberg

Paseo de la Playa n° 8 bajos
07108 Port de Sóller - Mallorca
Telefon 0034 / 971 63 02 17
www.espasseig.com

SPEISEN WIE GOTT – AUF MALLORCA

Romantisches Flair in liebevoll restaurierter Mühle

„Es war Liebe auf den ersten Blick!", so beschreiben Herta und Peter Himbert ihr Gefühl, als sie das erste Mal auf der Dachterrasse ihres Restaurants standen und den Blick über die sanfte Hügellandschaft schweifen ließen. „Das ist es!" Ihre Stammkundin Maria hatte sie gezielt nach Mallorca geholt, um ihnen „ein erfolgversprechendes gastronomisches Objekt" vorzustellen. Kurzentschlossen gaben sie ihr Bistro in Bonn auf, in dem die sternengekrönten Gastronomen ihre Gäste über 10 Jahre lang verwöhnten. Nach einer umfangreichen Renovierung wurde „Es Molí des Torrent" am 2. April 1999 mit viel Liebe zum Detail eröffnet.

Das unter den Deutschen liebevoll „Mühle" genannte Restaurant wurde schnell zum Geheimtipp, der sich wie ein Lauffeuer über die ganze Insel und deren Grenzen hinaus verbreitete. Zu der internationalen Klientel gehören die langjährigen – alten und neuen – Stammkunden aus Deutschland, Engländer, Schweizer, Festlandspanier und Mallorquiner, die *nuestros amigos alemanes* in den Himmel loben und hier sogar Familienfeste feiern. Wer die Mallorquiner kennt, weiß, das das nicht einfach ist! Der ganz große Durchbruch gelang, als sich der frühere spanische Ministerpräsident José Zapatero mit unserem damaligen Bundeskanzler Gerhard Schröder von den Himberts in den kulinarischen siebten Himmel entführen ließen.

„Als Fremde kommen, als Freunde gehen", ist das erklärte Credo der immer gut gelaunten Gastgeber. Kredenzt wird eine innovative Jahreszeitenküche mit deutschen, französischen und mediterranen Einflüssen, mit so ausgefallenen und leckeren kulinarischen Genüssen wie: „Jakobsmuscheln und Blutwurst auf einem Carpaccio aus roten „Beten"; „Geschmorte Kalbsbäckchen mit gebratener Gänseleber"; „Kartoffelpürée und Wirsing"; „Dorade und Pulpo mit Tomaten und

Kichererbsensud"; „Crème brulée vom Kürbis mit Ziegenkäse und Salat"; „Orangencarpaccio mariniert mit Chili und Nougatparfait". Mmh, da läuft einem das Wasser im Munde zusammen!

MOLÍ DES TORRENT
Herta & Peter Himbert

Carretera de Bunyola, 75
07320 Santa María del Camí
Telefon 0034 / 9 71 14 05 03
www.molidestorrent.de

WEINGUT ALS KUNSTSCHMIEDE

Eine Bodega mit dem Flair der Inseltrauben

„Der Wein sät Poesie in die Herzen der Menschen". Diese Worte des italienischen Philosophen Dante Alighieri gehören zu den Lieblingszitaten von Ramón Servall i Batle. Der Direktor von Mallorcas berühmtem Weingut in Santa Maria, der „Bodegues Macià Batle", setzt sich wie kaum ein anderer für den – berauschenden - Geschmack Mallorcas ein: „Unsere Weine sind wie eine Tür zum Wesen der Insel, jedes einzelne Glas vermittelt den Charakter und die Persönlichkeit Mallorcas." Dafür sorgt die erstklassige Elaboration mit modernster Technologie der autochthonen *Manto-Negro-* und *Callet*-Trauben für die Rotweine und der *Moll-* und *Prensal*-Trauben für die Weißweine. Die Trauben gedeihen vorzüglich in der *call vermell* genannten roten Erde und tragen das „D.O. Binissalem Qualitätssiegel".

Ramón leitet in fünfter Generation die Kellerei, die 1856 von der Familie Macià Batle aus Biniali gegründet wurde und die der Winzer 1996 komplett erneuern ließ. Die moderne Bodega schmiegt sich harmonisch in 160 Hektar Weinland. In großen Edelstahl- und Eichenfässer ruhen circa neunhunderttausend Liter Wein. Rund 250 internationale Auszeichnungen schmücken die Wände der Boutique in der Bodega, die weit mehr als „nur" Wein und Weinproben bietet: Salze in verschiedenen Geschmacksnuancen, hochwertige Olivenöle, köstliche Patés oder edle Konfitüren, alles aus dem Hause Macià Batle, dazu Literatur, Kunst und Musik zum Thema Wein.

Apropos Kunst: Als großer Kunstfreund pflegt Ramón eine im wahrsten Sinne des Wortes fruchtbare Verbindung zwischen Malerei und Wein schon seit vielen Jahren, indem er die Etiketten seiner Reserva Privada Weine von international bekannten Künstlern gestalten lässt, darunter sind Namen wie Gustavo, Joan Bennàssar, Rebecca Horn, Erwin Bechthold, Jim Bird, Rolf Knie, unter anderen. Die Originalbilder können bei einem Gläschen Wein und einem Rundgang in der Bodega bewundert werden.

Ein Genuss für alle Sinne!

BODEGUES MACIÀ BATLE
Ramón Servalls i Batle

Camí de Coanegra, s/n
07320 Santa Maria del Camì
Telefon 00 34 / 9 71 14 00 14
www.maciabatle.com

MALLORCAS ÄLTESTES WEINGUT

Wo Tradition und Moderne sich ein Stelldichein geben

Pedro Ribas de Cabrera erfüllte sich 1711 einen Lebenstraum: den Bau einer eigenen Bodega: „Ca´n Ribas". Seitdem widmet sich seine Familie dem Anbau von Wein und Oliven. Die als „Herederos de los Hermanos Ribas" bekannte Bodega wurde im Jahr 1986 unter der Leitung von Maria Antonia Ribas modernisiert, um die Prozesse der Weinbereitung zu optimieren. 2009 haben die Geschwister Araceli und Xavier Servera Ribas das 40 Hektar große Weingut übernommen, das unter ihrer Leitung kurz und bündig „Bodegues Ribas" heißt. Auf dem ältesten Weingut Mallorcas, das 2011 sein 300-jähriges Bestehen feierte, werden edle Tropfen unter der Herkunftsbezeichnung „Vi de la terra Illes Balears" hergestellt. Das durchschnittliche Alter der Reben beträgt 45 Jahre bei einheimischen und 20 Jahre bei internationalen Rebsorten. Bei den weißen Trauben werden *Prensal Blanc*, *Chardonnay*, *Viognier* und *Moscatel* hervorragend miteinander kombiniert. Die roten munden durch *Mantonegro*, *Gargollosa*, *Callet*, *Garnacha*, *Cabernet Sauvignon*, *Syrah* und *Merlot*.

Die sympathischen Geschwister strotzen nur so vor Energie und Leidenschaft für ihre Lebensaufgabe: „Wir arbeiten ständig daran, unsere Weine jedes Jahr zu verbessern, und sind ständig auf der Suche nach neuen Kombinationen mit internationalen Rebsorten, die unsere einheimischen Sorten optimal ergänzen, wobei der Wiederanbau und die Rückgewinnung von anderen, beinahe vergessenen einheimischen Rebsorten eine große Rolle spielt. Unser Ziel ist es, in wenigen Jahren auf den ökologischen Weinanbau umzustellen."

Die 13. Generation nach Urvater Pedro Ribas setzt alles daran, sein Werk fortzuführen und entsprechend seiner Lebensauffassung zu arbeiten, die vor allem von der Achtung von Traditionen, guten Ideen und der Liebe zu dem Erbe ihrer Ahnen geprägt ist.

BODEGUES RIBAS
Araceli Servera Ribas
& Xavier Servera Ribas

Camí de Muntanya, 2
07330 Consell
Telefon 00 34 / 9 71 62 26 73
www.bodeguesribas.com
www.botart.es

EIN TRAUM WIRD WAHR

Wein mit der ganz besonderen Note

Im Herzen des ältesten Weinanbaugebietes Mallorcas, der „D.O. Binissalem", liegen die auf der „Finca Es Pla" vor 20 Jahren angelegten Weinstöcke von „Ana Vins". Der Münchner Wirtschaftsprüfer Thomas Neumann erfüllte sich 2008 seinen lang gehegten Lebenstraum, ein eigenes Weingut zu besitzen und eigenen Wein herzustellen. Dabei wird er tatkräftig von seiner österreichischen Frau Alexandra und der gemeinsamen Tochter Anabel unterstützt, die gleichzeitig Namensgeberin der Bodega ist. „Es war Liebe auf den ersten Blick", so der stolze Weingut-Besitzer, als er das erste Mal auf dem 5 Hektar großen Weinfeld stand, auf dem die weißen Trauben *Prensal Blanc* und *Macabeu* sowie die roten Trauben *Manto Negro, Callet* und *Cabernet Sauvignon* wachsen.

Mit viel Liebe zum Detail und Leidenschaft baut Thomas Neumann hier nun sehr erfolgreich Weiß,- Rosé- und Rotweine an. Ihm zur Seite stehen der mallorquinische Winzer Toni Llabrés, ein erfahrener *viticultor*, der sich um die Pflege des Weinbergs kümmert und Sohn Tomeu, einer der jungen und äußerst erfolgreichen Önologen der Insel des Lichts. „Uns ist es besonders wichtig, vor allem autochthone Rebsorten zu verwenden, da diese den so unverwechselbaren Geschmack Mallorcas widerspiegeln."

Dem Experimentieren sind keine Grenzen gesetzt – mit viel Kreativität ist das sympathische deutsch-mallorquinische Team immer auf der Suche nach einer ganz individuellen, eigenständigen Note. Die ersten Weine wurden 2010 abgefüllt: der weiße, spritzige „Ana Blanc", der fruchtige Rosé-Wein „Ana Rosat", der leichte rote „Ana Negre" und der reife, elegante „Ana Secciò". Die Bodega ist nach vorheriger telefonischer Absprache täglich für Weinverkostungen geöffnet.

Anruf bei Francisco Pol, der hervorragend Deutsch spricht, genügt!

BODEGA ANA VINS
Thomas & Alexandra Neumann

Carrer San Vicente de Paul, 15
07350 Binissalem
Telefon 0034 / 605 28 36 85
www.ana-vins.com

Weine,
Herbes
und Liköre

Eine lange Tradition, auf neuem Erfolgskurs

Weinanbau und Keltern sind uralt auf der Insel, doch es mussten viele Jahrhunderte vergehen, ehe es den Winzer gelang, solch hochgepriesene und vorzügliche Tropfen zu produzieren wie heutzutage. Wein auf den Inseln – das ist eine lange Geschichte mit Höhen und Tiefen. Der Fund von Amphoren belegt, dass sie auf Ibiza unter den Karthagern im 7. Jahrhundert v. Chr. beginnt. Auf Mallorca begannen die Römer mit dem Weinanbau und schon im 1. Jahrhundert v. Chr. wird Wein aus Mallorca mit den besten Weinen Italiens verglichen. Dieser übers Mittelmeer hinauseilende gute Ruf verstärkt sich ab 1229, nach der christlichen Rückeroberung durch Jaume I und dem Ende des maurischen Alkoholverbotes – was auf der Insel geschickt umgangen wurde –, und dauerte bis ins 17. Jahrhundert, doch von nun an ging es bergab. Ab Ende des 19. Jahrhunderts machte die Reblaus den Weinstöcken auf der Insel den endgültigen Garaus und noch zu Beginn des Tourismus in den 60er-/70er-Jahren lagen die ehemaligen (und heutigen) Anbauflächen darnieder. Erst ab den 90er-Jahren besinnt man sich wieder auf die ursprüngliche Traubenvielfalt, den guten Boden und das ausgezeichnete Klima – mit zunehmendem Erfolg.

Heute gibt es vier geschützte Herkunftsbezeichnungen „D.O.": Die Weinregion "Binissalem" im Zentrum Mallorcas umfasst neben Binissalem auch die Orte Consell, Santa María del Camí, Santa Eugènia und Sencelles. Die Rotweine sind kräftig, mit viel Körper, die Rosé- und Weißweine fruchtig und fein. Genau wie die *Pla i Llevant* -Weine, auch sie stammen aus der Inselmitte und dem Osten Mallorcas. Der „Höhen-Wein", *Vi de la Terra Serra de Tramuntana-Costa Nord*, wird im Nordwesten Mallorcas zwischen dem Kap Formentor und der südwestlichen Küste von Andratx auf hochgelegenen, kalkhaltigen Böden angebaut. Der aus dem Gebirge stammende „Malvasia" war bereits als Tischwein der Könige von Aragon und beim Erzherzog Ludwig Salvator beliebt (in diesen Zeiten trank das gemeine Volk noch einen eher sauren Wein, den es mit Milch und Honig schmackhaft machte). Die

Qualitätsbezeichnung *Vi de la Terra Illes Balears* tragen seit 2003 alle Weine, die von den vier Inseln der Balearen stammen.

Derzeit wetteifern auf Mallorca offiziell circa 65 Kellereien um den Weinliebhaber. Viele von ihnen bieten regelmäßig Weinproben, offene Bodegas und spannende Weinrouten an. Ihre Erzeugnisse haben in den letzten Jahren zahlreiche renommierte, nationale und internationale Auszeichnungen erhalten, wobei insgesamt auf Qualität statt Quantität gesetzt wird.

Auch die Liköre sind über die Inselgrenzen hinaus bekannt: Nach einem deftigen Mahl pflegt der Mallorquiner einen *Herbes* zu trinken. Er schmeckt stark nach Anis, enthält aber auch andere Inselkräuter wie Fenchel, Kamille, Rosmarin, Zitronenmelisse und es gibt ihn in (sehr) süß, trocken und halb-halb.

Auch der *Palo* ist ein beliebter, starker Likör. Ein dunkler Tropfen von intensivem Geschmack, der etwas nach Lakritze und Karamell schmeckt und auf einem Rezept aus dem 19. Jahrhundert mit Chinarinde, Enzian und karamellisiertem Zucker basiert.

Viel zu probieren – nun dann, wohl bekomm´s! *Salut!* (Gesundheit!), wie sich die Mallorquiner zuprosten.

MALLORCA, WIE ES LEIBT UND LEBT

Wo Tradition und Kultur noch großgeschrieben werden

Das „Ca Na Toneta" liegt im Herzen der Insel, in dem entzückenden Ort Caimari, am Fuße des Tramuntana-Gebirges. Wer hier zu Gast war und sich die täglich wechselnden Kreationen aus traditioneller mallorquinischer Küche und Eigenkreationen der begnadeten Köchin auf der Zunge zergehen ließ, kommt immer wieder. Die Schwestern Maria und Teresa Solivellas Rotger machen das, was man früher immer gemacht hat: Im Rhythmus der Jahreszeiten leben und die Küche ihrer Mütter kochen. Das ist gesund, schmeckt hervorragend, entschleunigt unsere schnelllebige Zeit und ist ein Erlebnis der besonderen Art. Die jahreszeitengebundenen Sechs-Gänge-Menüs überraschen und sind das Beste, was Mallorca zu bieten hat: Suppe, Vorspeise, Gemüsekuchen, ein Fisch- und ein Fleischgang sowie Nachspeise. Frisch auf den Tisch, zu erfreulich bodenständigen Preisen.

Maria kocht aus Leidenschaft, ausschließlich mit erntefrischen Saisonprodukten des hauseigenen Gemüsegartens, wunderbar kombiniert mit marktfrischem Fleisch, Fisch und Hülsenfrüchten. Hier behalten alle Produkte ihre Natürlichkeit. Mit viel Liebe zum Detail werden Texturen und Rezepte erarbeitet, basierend auf einer ausgewogenen mediterranen Diät. Diesen Aufwand sieht man den Gerichten, wenn sie auf den Tisch kommen, vielleicht nicht an, aber man schmeckt es. Und wie! Teresa ist die gute Fee, die uns mit ihrer herzerfrischenden Art das Gefühl gibt, zuhause angekommen zu sein. Begriffe wie Identität, Authentizität, Zuneigung und Gastfreundschaft werden hier regelrecht zelebriert, sind das Credo der sympathischen Schwestern. Heiß ersehnt: „La Coquería" im „Mercat Santa Catalina", wo uns Maria, zusammen mit Katja Wöhr, mit unzähligen Varianten des traditionellen mallorquinischen Gemüsekuchens, den *cocas*, verwöhnt. Das dürfen Sie sich nicht entgehen lassen!

CA NA TONETA
Maria & Teresa Solivellas Rotger

Carrer Horitzó 21
07314 Caimari
Telefon 00 34 / 9 71 51 52 26
www.canatoneta.com

LA COQUERIA
Maria Solivellas Rotger & Katja Wöhr

Mercat Santa Catalina
Plaza Navegació s/n
Trast 13
07013 Palma de Mallorca
Telefon 00 34 / 9 71 45 30 98

TAFELN BEI TOMEU

Große Vielfalt in einem der ältesten Weinkeller

Eine würdige Kulisse für einen wahren Gastrotempel in Inca: Im „Celler Can Amer" umrahmen riesige alte Weinfässer das große Gewölbe, Lichterkränze erleuchten die hohe Decke und Kupfergeschirr dient als Wandschmuck.

Es ist das Reich von Tomeu Torrens Cantallops. Jeder Gast wird von dem charmanten Wirt persönlich begrüßt und verabschiedet. Herzliche Gastfreundschaft stehen bei ihm und seinem Team im Mittelpunkt – und eine raffinierte, traditionelle Küche. Bereits 1971 verwandelten Vater und Mutter (eine Köchin mit Inselruhm) das circa 300 Jahre alte Weinlager in den „Celler Can Amer". „Meine ganze Familie hat sich der Gastronomie gewidmet", erinnert sich Tomeu: „Hier bin ich aufgewachsen, war vor und nach der Schule hier". Auch deutschsprachige Stammkunden lieben seine mallorquinischen Klassiker und die erlesene Weinkarte. „Meine Küche ist eine der frischen, jahreszeitlichen Produkte", so Tomeu. Die Speisekarte wechselt oft, wie täglich das *menú del día*. Auch für Bankette und Unternehmeressen ist der „Celler" eine exzellente Adresse.

Beispiele gefällig? Die mit *sobrassada*-Wurst gefüllte Lammschulter zergeht auf der Zunge, so wie die „Pilzterrine an Kürbissauce" oder die mit „Ricotta und Spinat gefüllten Artischocken". Im Winter wärmen deftig-delikate Speisen wie die „Brotsuppe mit Fleisch". Im Sommer schmeichelt frischer Fisch dem Gaumen. Ganzjährige Delikatessen sind die „Fisch- oder Hühnchenkroketten" und der „Schinken vom schwarzen Schwein".

Tomeu, dessen Lächeln verlockend wie seine Kochkunst ist, hat Erfolg. Um die Ecke stillt sein modernes „Bistro S'Angel" den Hunger der Marktbesucher und sein jüngst eröffnetes Geschäft „The Corner" den Durst mit guten hiesigen Weinen sowie Likören zu überraschend fairen Preisen.

CELLER CAN AMER
Tomeu Torrens Cantallops

Carrer Pau, 39
07300 Inca
Telefon 00 34 / 9 71 50 12 61

BISTRO S'ANGEL
Plaça d'Angel, 2
07300 Inca
Telefon 00 34 / 9 71 88 04 73

THE CORNER vins i licors
Carrer Sant Francesc, 1
07300 Inca
Telefon 00 34 6 79 19 66 94
www.celler-canamer.com

EINE OASE DES FRIEDENS

Modernes Design und Candlelight-Atmosphäre in historischem Gemäuer

Das „Son Brull Hotel & Spa" thront herrschaftlich inmitten von Lavendelfeldern und Weinbergen, nur wenige Minuten vom malerischen Pollença und den herrlichen Stränden der Nordküste entfernt. Seit 1994 im Besitz der Familie Suau stehen Authentizität, Respekt, Kultur und Tradition an erster Stelle. Das ehemalige Jesuitenkloster aus dem 18. Jahrhundert wurde mit viel Liebe zum Detail zu einem Fünf-Sterne-Boutiquehotel verwandelt, in dem Minimalismus und Tradition eine wundervolle Symbiose eingehen. Hier wird das Beste, was Mallorca zu bieten hat, miteinander vereint. Auf insgesamt 40 Hektar Land werden Obst, Gemüse, Oliven, Mandeln, Weintrauben und Kräuter nach zertifiziert ökologischen Grundsätzen angebaut, autochtone Sorten bewahrt, um die Gäste des Hotels und des „Restaurants 3/65" auf höchstem Niveau zu verwöhnen. Von der Ernte direkt in den Mund!

Das eigene Olivenöl und der hervorragende „Negre Son Brull" verstehen sich von selbst, die Eier kommen von glücklichen, frei laufenden Hühnern. Die Zusammenarbeit mit Herstellern hochwertiger lokaler Produkte steht immer und bei allem im Vordergrund, um dem hohen Anspruch an die Pflege und Bewahrung der natürlichen Ressourcen gerecht zu werden. Ein Eldorado für alle Gäste, die dies in jedem Winkel dieses magischen Refugiums erleben und fühlen können.

Im theatralisch inszenierten „Restaurant 3/65" zu speisen ist ein Erlebnis für die Sinne, nicht nur für Hotelgäste! Rafel Perelló zelebriert authentische, gesunde, und äußerst schmackhafte Jahreszeitenküche, natürlich ausschließlich mit selbst angebauten und lokalen Produkten wie der dunklen Artischocke, Garnelen aus Sóller, Rochen, Fleisch vom schwarzen Schwein oder „Pollença-Lamm", mallorquinischem Käse und süßen Kreationen aus Mandeln, Zitronen und Orangen.

Auf der Weinkarte findet man die besten Tropfen, die Mallorca zu bieten hat. Eben das echte Mallorca, wie es leibt und lebt!

SON BRULL HOTEL & SPA
RESTAURANTE 3/65
Alex Suau, Miquel Suau & Mar Suau

07460 Pollença
Telefon 00 34 / 9 71 53 53 53
www.sonbrull.com

TRADITION UND AVANTGARDE

Sterngekrönte Autorenküche mit dem gewissen Etwas

Ein neuer Michelin-Stern am Gastrohimmel von Mallorca – so laute-te die Botschaft im Jahr 2012, als Macarena de Castro – als einzige Frau – mit der begehrten Auszeichnung geehrt wurde und darüber hinaus den Titel „Bester Chef der Balearen" erhielt. Zu Recht, denn die gebürtige, erst 32-jährige Mallorquinerin zelebriert die traditione-lle mallorquinische Küche mit ihren innovativen Ideen par excellence.

Ihre Kreationen spiegeln das Niveau einer kosmopolitischen Avantgar-de wider, die "La Mallorquina" auf ihren Reisen rund um die Welt mit immer neuen Ideen und Gaumenfreuden der besonderen Art variiert. Sie liebt es, in den Wintermonaten bei großen Chefs ihre Kenntnisse zu erweitern, unter anderem bei Ferrán Adrià („El Bulli", Katalonien), Willy Dufresne („Wd-50", New York), Hilario Arbelaitz („Zuberoa", Baskenland), in Südostasien, Süd- und Nordamerika. „Jedes Land hat andere Produkte, Gewürze und Arten der Zubereitung. Es fasziniert mich, diese Unterschiede kennenzulernen und mit der autochtonen mediterranen Küche zu kombinieren", so die Meisterköchin. „Mein Anliegen ist es, Tradition und Fortschritt zu vereinen, indem ich loka-le, marktfrische Produkte der Insel mit modernsten Methoden zube-reite."

Ihre Haute-Cuisine-Gerichte sind ein unvergleichlicher Genuss der Extraklasse. Jeden Monat wird ein neues Degustations-Menü kreiert und auf eine ganz neue, nie dagewesene Art kredenzt: Auf der Karte steht lediglich der Hauptdarsteller des Gerichtes: das Produkt. Erst beim Servieren erfährt der Gast, welche anderen Zutaten eine – ebenso wichtige – Nebenrolle spielen.

Zur „Grupo Jardín" gehören auch das „Bistro del Jardín", „Danny´s Gastro Bar" sowie das „Jardín Catering" unter der Leitung von Bruder

Daniel de Castro – für alle, die ein bisschen Jardín-Feeling auch nach Hause transportieren möchten. Zu den Kunden gehören Botschaften, große Unternehmen und Privatpersonen – weltweit. Selbstverständ-lich ist die Chefin auch vor Ort, um das exzellente Niveau ihrer Koch-kunst immer und überall zu garantieren. Hut ab!

JARDÍN
Macarena & Daniel de Castro

Carrer Tritones s/n
07410 Puerto de Alcudia
Telefon 00 34 / 9 71 89 23 91
www.restaurantejardin.com

EINE FAMILIEN ÖL-GESCHICHTE

Aroma, Geschmack, Farbe und Textur sind geprägt vom Mittelmeerklima

Der Schatz der Familie Jaume ist golden, mit zartgrünen Schattierungen, duftet intensiv fruchtig und bietet ein ausgewogenes Aroma von frisch geschnittenem Gras mit einem Hauch pikanter Gewürze. Ihr samtweiches, extra natives Olivenöl „Oli des Mirant" wird aus den *arbequina* - Oliven gewonnen, die im traditionellen Trockenanbau auf der 20 Hektar großen Finca „Es Sequer" bei Petra kultiviert werden, die der Familie seit fünf Generationen gehört.

Als Ärzte wissen Ramona und Joan um die zahlreichen gesundheitlichen Vorteile von Olivenöl. Seit 2004 ist ihre Plantage mit 800 Ölbäumen der perfekte Ausgleich zur anstrengenden Arbeit im Krankenhaus. Zwei der drei Töchter sind am Unternehmen beteiligt, auch die jüngste Tochter packt bei den Ernten Ende Oktober/Anfang November mit an. „Dann ist es, als hätte mein Mann 800 Kinder", erzählt Ramona lachend. Die reifen, grünen Früchte werden per Hand gepflückt und in einer der zwei zertifizierten Insel-Ölmühlen, der „S`Oliera de Son Catiu", kalt gepresst. Ernte- und Verarbeitungsprozess müssen schnell, aber sorgfältig erfolgen, um die Qualität des Öls zu sichern.

Phöniziern und Griechen ist es zu verdanken, dass die knorrigen Bäume mit den silbrig-grünen Blättern die Landschaft prägen. Seit Beginn der professionellen Olivenölherstellung auf Mallorca vor circa 500 Jahren hat sich diese Tradition nicht viel verändert. Damit das Mirant-Öl das Qualitätssiegel „D.O. Oli de Mallorca" tragen darf, erfolgen aufwendige Analysen durch das katalanische Landwirtschaftsministerium. Denn die Jaumes setzen auf „Qualität statt Quantität" und bieten ihre, vom mallorquinischen Künstler Rafa Forteza zauberhaft gestalteten Ölflaschen und -dosen inselweit in ausgesuchten Delikatessengeschäften und auf ihrer Webseite an.

OLI DES MIRANT
Joan Jaume Mas &
Ramona Soler Vilarrasa

Telefon 00 34 / 6 07 30 47 92
www.olidesmirant.com

Zentraler Verkaufspunkt:
La Pajarita (Delikatessgeschäft)
Carrer San Nicolau, 24
07012 Palma de Mallorca
Telefon 00 34 / 9 71 71 18 44

SPEISEN UND SCHLAFEN
WIE GRAF UND NONNE

Hier weht ein Hauch des echten, ursprünglichen Mallorca

Ein Hochgenuss für Liebhaber der authentischen und gediegenen Insel-gastronomie in historischem Ambiente: Tradition, erstklassiger Komfort und gehobene Kulinarik verschmelzen zu einem harmonischen Ganzen. Perfekt für den besonderen Abend zu zweit, aber auch für Hochzeiten und andere festliche Anlässe.

Die Grundmauern des beeindruckenden Herrenhauses datieren auf das Jahr 1242. Mit circa 80 Hektar ist die Finca eines der größten Anwesen im Norden Mallorcas. Das herrschaftliche Restaurant „Es Casal" liegt im ehemaligen Kellergewölbe, wo einst die Nahrungsmittel lagerten. Geboten wird eine traditionelle, mediterrane und kreative Küche mit „Autorennote": frische Marktprodukte, leicht und authentisch. Besonders romantisch sind die abendlichen Menüs oder ein *à-la-carte-Diner* auf der wunderschönen Restaurantterrasse. Dazu passt ein mallorquinischer Wein aus der auch mit internationalen Weinen reich bestückten Bodega, der früheren Zisterne. In der Tapas-Poolbar „Sa Pedrera" wird zweimal in der Woche ein Barbecue geboten sowie täglich Tapas, Snacks und frische Salate zum Mittag.

„Jeden Tag wird frisches Brot gebacken, die Butter mit den Ametlla-Mandelgewürzmischungen verfeinert, unser Olivenöl ist hauseigen und als Salz verwenden wir das kostbare Flor de Sal", erzählt der junge Geschäftsführer Miguel Angel Malondra. Seine Familie ist seit dem letzten Jahrhundert im Besitz des Anwesens. Den Fiol-Malondras ist es zu verdanken, dass die historische Finca bewahrt werden konnte, da sie das Erbe 1997 behutsam in ein elegantes Landhotel umwandelten. Davor residierte hier der Graf von Empúries und das Anwesen diente sogar als Kloster für Nonnen des Santa Catalina Ordens. Ihnen ist eine köstliche Nachspeise gewidmet: „Das Geheimrezept der Nonnen"– Himmlischer „Flan-Pudding auf einer Wolke aus Kokos und Banane". Wahrhaft göttlich!

CASAL SANTA EULALIA
HOTEL & RESTAURANTE
Familie Fiol-Malondra

Ctra. Santa Margalida a Pto. de Alcudia, Km 2
07458 Santa Margalida
Telefon 0034 / 9 71 85 27 32
www.casal-santaeulalia.com

Mallorquinisches Gold: Das Öl der Inseloliven

Die Geschmacksnoten der kleinen grünen Früchte sind einzigartig

Bereits der österreichische Erzherzog Ludwig Salvator schwärmte im 19. Jahrhundert vom Olivenöl und empfahl, das Brot darin einzutauchen und den Salat damit zu verfeinern. Bis heute ist die mallorquinische Küche ohne Olivenöl unvorstellbar und Mallorca eine der Inseln im Mittelmeer mit der größten Tradition in der Ölherstellung.

Phönizier und Griechen brachten den Olivenbaum auf die Iberische Halbinsel und auf die Balearen, und die Araber intensivierten den Olivenanbau. Bereits im 13. Jahrhundert war mallorquinisches Olivenöl im gesamten Mittelmeerraum bekannt und Mitte des 15. Jahrhunderts der Hafen von Sóller einer der wichtigsten Orte für den Olivenölexport nach Südfrankreich. Olivenbäume gleichen fantasievollen Kunstwerken der Natur, erschaffen und geformt vom Wind, dem Wetter und der Zeit. 90 Prozent der Olivenbäume haben hier ein Alter von circa 500 Jahren, der Volksglaube spricht gerne von über 1.000 Jahren. An ihnen gedeihen drei Sorten: die *arbequina* mit dem fruchtigen Geschmack, die süßlich-milde *mallorquina* oder *empeltre*, die leicht nach reifen Mandeln schmeckt, und die *picual* mit ihrer leicht bitteren Note.

Seit 2002 ist das inseleigene Öl durch die Herkunftsbezeichnung „D.O. Oli de Mallorca" geschützt. Damit ist garantiert, dass Anbau und Ölherstellung auf der Insel stattfinden. Dieses Olivenöl ist kalt gepresst und darf sich mit dem Gütesiegel *extra virgen* (natives Olivenöl Extra) schmücken. Der reine Olivensaft wird weder raffiniert noch mit Zusatzstoffen angereichert. Zu den zahlreichen Vorteilen dieser schonenden und Vitamin erhaltenden Verarbeitung zählt ein hoher Anteil an ungesättigten Fettsäuren, die u. a. den Cholesterinspiegel senken. Das aus der ersten Ernte hergestellte Öl *oli afruitat* ist von gelblich-grüner Farbe und hat einen bitteren, leicht pikanten Geschmack. Das süße' Olivenöl *oli dolç* wird aus reiferen Früchten gewonnen, ist eher gelblich und durch sein mildes Aroma sehr schmackhaft. Ob Oliven pur, in Kräutern und Meerfenchel eingelegt, als Paté oder Öl – Feinschmecker wissen diese natürliche Kostbarkeit zu schätzen.

Ein köstliches Cocktailrezept mit Olivenöl? Man nehme zu zwei Teilen mallorquinisches Öl, zu einem Teil den süßen Likör „Hierbas de Mallorca" und zu zwei Teilen Birnensaft. Das Ganze in einen Mixer geben, Eis hinzufügen und mixen, bis eine cremige Masse entsteht. Wohl bekomm´s!

KUNST UND KULINARIK

Tafeln unter dem Sternenhimmel im zauberhaften Innenhof

Es ist einer der romantischsten Patios im Nordosten der Insel: Eine leuchtend violette Bougainvillea klettert die Innenwand herauf, ein Springbrunnen plätschert in der Mitte und eine schlanke hohe Dattelpalme breitet ihre Fächer schützend über die festlich eingedeckten Tische, dazu beleuchten zahlreiche Kerzen das Ambiente. Das „La Calatrava" in Artà ist weit mehr als „nur" ein Restaurant.

Die Schottin Vanessa Jane Davidson verwandelte die ehemalige herrschaftliche Klosterschule 2007 in eine kulinarische und künstlerische Oase: Ein Treffpunkt für Leute, die Kunst, Literatur, Musik, Gourmetküche, erlesenen Wein und gute Gespräche mögen. „Ich liebe es, kultivierte und interessante Menschen aus aller Welt miteinander bekannt zu machen", erzählt Vanessa lachend. Das glaubt gerne, wer erlebt, wie sie von Tisch zu Tisch geht und die Gäste wie persönliche Freunde umsorgt. Ist das Wetter einmal nicht so freundlich, wird im gemütlichen Kaminzimmer im ersten Stock gespeist. Für den kleinen Hunger kommt nun auch noch eine Bodega hinzu. Hauptsache den Gästen geht es gut. Bereits die Lounge hinter der großen, verglasten Eingangstür lockt mit Sofa und Sesseln und die Bibliothek mit großer Lektüreauswahl. An der Bar mundet ein gepflegter Drink, Billard oder Bridge erwarten zum Spiel.

Regelmäßig stehen Veranstaltungen auf dem Programm, wie Lesungen oder Konzerte, dazu wird ein vorzügliches Diner von mediterraner Leichtigkeit serviert. Vor allem schlägt das Herz der temperamentvollen Gastgeberin für Kunst, für die sie in ihrem Haus viel Platz hat. So organisiert sie wechselnde Ausstellungen namhafter Künstler, serviert zur Vernissage die edelsten Weine und präsentiert die Insel von ihrer besten Seite. Stets bei ihr ist „Hugo the Boss", seines Zeichens eine lustige Promenandenmischung und ehemaliger Straßenhund. Seine Artgenossen sind willkommen, für sie steht sogar eine Doggy-Bar bereit.

LA CALATRAVA
Vanessa Jane Davidson

Carrer Ses Roques, 13
07570 Artà
Telefon 00 34 9 71 83 66 63
www.clubcanmoray.com

INSELTYPISCHES UND HERZLICHKEIT

Ein offenes Ohr für die Wünsche der Kunden ist hier Pflicht

José Cabrer ist eine Institution im Dorf, jeder in Artà kennt den „Pep" und seine Frau Maria. Ihr „Comestibles Can Cabrer" ist weit mehr als nur ein Delikatessengeschäft mit ausgesuchten Köstlichkeiten. Pep und Maria sind immer für einen Plausch bereit, tauschen Rezepte und Neuigkeiten mit den Kunden aus, die wie gute Bekannte behandelt werden. Kundenwünsche sind hier wichtig. „Comestibles Can Cabrer" ist ein durch und durch familiäres Unternehmen, gegründet von Peps Großvater. Bereits als kleiner Junge haben Pep und seine drei Brüder mit Schubkarren die Waren vom Bahnhof geholt, als noch der Zug aus Inca bis Artà kam. Als der Enkel und ehemalige Fußballspieler bei Real Mallorca 1972 das Geschäft übernahm, gab es 38 Geschäfte dieser Art im Ort, heute sind es nur noch drei.

„Can Cabrer" bietet ausschließlich spanische Produkte, von denen circa 80 Prozent von den Balearen stammen: Weine, Liköre, Branntwein, Salze, Wurstsorten, Käse aus Menorca, Oliven und Olivenöle, Kapern, Mandeln und die Mandelspezialität Turrón, Aprikosen, Orangen, Zitronen, Feigen, handgemachtes Feigenbrot und vieles mehr. Pep wählt alles mit Herzblut aus: „Ich lese jeden Tag die Tagespresse und schaue nach neuen Produkten. Dabei informiere ich mich gründlich über die Inhaltsstoffe, um die Kunden genau beraten zu können." Maria, die mit drei Jahren aus Extremadura nach Mallorca kam, ist seit 33 Jahren die gute Seele an Peps Seite und im Laden. Die leidenschaftliche Köchin bringt täglich Köstliches auf seinen Tisch – natürlich aus den eigenen Produkten, schwärmt ihr Mann.

Neu im Angebot ist frisch gemahlener Kaffee: der „Illes Balears" aus den Robusta-Sorten Kolumbia, Brazil, Africa und der spanischen *torre facto*-Mischung. Damit knüpft Pep an eine Kindheitserinnerung an, denn bereits sein Vater röstete Kaffee im Laden. Jetzt duftet es wie anno dazumal.

COMESTIBLES CAN CABRER
José „Pep" Cabrer Fito

Carrer Antoni Blanes, 25
07570 Artà
Telefon 00 34 / 9 71 83 63 57 oder
00 34 / 6 79 63 97 69

ENTSPANNUNG, GENUSS UND GAUMENFREUDEN

Neuer Stern am Gourmet- und Landhotel-Himmel

Seit dem Frühjahr 2012 schläft der Gast auf dem Land bei Capdepera im „Predi Son Jaumell" wie ein König und speist bei „Andreu Genestra" wie ein Kaiser.

Der junge Starkoch aus Inca und sein Team zeigen mit täglich wechselndem Menü „wie Mallorca schmeckt". Andreu Genestra kochte in mallorquinischen und weltweiten Fünf-Sterne-Luxushotels, im Königshaus von Kuwait und mit Legenden wie dem Basken Juan Mari Arzak und dem Katalanen Ferran Adrià. Nun lockt das eigene Restaurant als neuer Gastro-Tempel einheimische und internationale Gourmets in den stillen Nordosten. Seine Philosophie „verbindet mallorquinische Werte mit modernen Konzepten und Tendenzen aus aller Welt". Andreus Vater gärtnert im hauseigenen Gemüsegarten: „Unser Gemüse hat durch die Küstennähe Meeresaroma und wird von Zypressen vor dem Wind geschützt". Auch gedeihen Kräuter und Obstbäume, z.B. sieben Sorten Orangen für den Frühstückssaft. Weinstöcke und Olivenbäume sind auf 3 Hektar Land für die Wein- und Ölproduktion vorbereitet. Eigene Hühner sorgen für frische Eier; die Langusten kommen vom nahen Hafen direkt auf den Tisch. Alles ist authentisch, leicht und frisch – dabei äußerst raffiniert, fantasievoll und innovativ.

Die Liebe zum Detail herrscht auch im Landhotel, einem Gutshof aus dem Jahr 1767, aufwendig restauriert und stilvoll gestaltet. Das exklusive Interieur mit 24 Zimmern ist puristisch, zeigt Kunst lokaler Künstler und dezente Palmblatt-Elemente als Tribut an das Korbflechterdorf Capdepera. „Der Gast soll sich zu Hause fühlen", so der belgische Direktor Steven Servaes, der sich eher als Gastgeber denn als Hoteldirektor sieht. Ein Wochenende hat den Erholungswert von mindestens einer Woche - eine mallorquinische Liebe, die durch den Magen geht und die Seele streichelt.

**PREDI SON JAUMELL HOTEL RURAL
RESTAURANT ANDREU GENESTRA**
Hoteldirektor: Steven Servaes
Restaurantinhaber: Andreu Genestra

*Ctra. Cala Mesquida Km 1
Desvío Camino Son Moltó
07580 Capdepera
Telefon 00 34 / 9 71 81 87 96
www.andreugenestra.com
www.hotelsonjaumell.com*

ROMANTIK PUR

Genuss im Romantikhotel vor traumhafter Kulisse

Der Blick vom „Cases de Son Barbassa" schweift über grüne Fächer-palmen, Oliven-, Mandel- und Johannisbrotbäume. In der Luft liegt ein Hauch von Lavendel und wilden Rosen. Die traumhaft eingedeck-ten Tische auf der Terrasse und im verglasten, von Kletterpflanzen umrandeten Wintergarten des Hotelrestaurants sind eine Oase der Ruhe und Entspannung - und des Genusses für den Gast, der hier logiert oder von außerhalb kommt. So wie sich das Auge am weiten Blick über sanfte Täler und Hügel bis zur Burg von Capdepera wei-det, schmeichelt dem Gaumen eine abwechslungsreiche mediterrane *Á-la-carte*-Küche, die sich nicht nur auf Inseltypisches konzentriert, sondern auch mit einem raffinierten, asiatischen Touch überrascht.

Täglich wechseln die Drei-Gänge-Menüs, einmal wöchentlich ste-hen Buffet und Barbecue mit Fisch, Krustentiere und Fleisch direkt vom Grill auf dem Programm. „Obst und Gemüse stammen teils aus eigenem Anbau, teils von den lokalen Märkten", erzählt Eigen-tümer und Rechtsanwalt Joan Bonnin. Besonders stolz ist er auf das eigene Olivenöl „Cases de Son Barbassa Virgen Extra" aus den Sorten *arbequina*, *mallorquina* und *picual* als Erzeugnis der handverlesenen Olivenernte von der 125.000 Quadratmeter großen Finca, mit dem natürlich auch gekocht wird. Mit ebensolcher Wertschätzung für die guten Inseltropfen hat der Weinkenner Bonnin die hauseigene Bode-ga ausgestattet. Im Frühjahr und Herbst werden speziell zu erlesenen

Vier-Gänge-Dinners die besten Mallorca-Tropfen verkostet, bei denen die Kellermeister ihre Geheimnisse verraten.

Das geschichtsträchtige Landhaus-Ensemble mit dem imposanten Verteidigungsturm aus dem 16. Jahrhundert ist eine perfekte Kom-bination aus Tradition und Moderne mit allem Komfort, das als ers-tes „petit Hotel" in Spanien in den exklusiven Kreis der „Romantik Hotels & Restaurants International" aufgenommen wurde. Ein Juwel für Romantiker.

**CASES DE SON BARBASSA
HOTEL & RESTAURANTE**
Joan & Baltasar Bonnin Moyá

*Ctra. Cala Mesquida – Cami de Son
Barbassa
07580 Capdepera
Telefon 00 34 / 9 71 56 57 76
www.sonbarbassa.com*

Die mallorquinische Mandel, ein Inselschatz

Eine gesunde Zutat für Süßes und Salziges

Stets im August hört man im Landesinneren ein lustiges Klappern: Es ist Mandelernte. Die reifen Mandeln werden von den Bauern mit langen Bambusstangen von den Bäumen geschlagen und in grünen Netzen, die um die Bäume herum ausgelegt werden, aufgesammelt. Das ist keine leichte Arbeit! Doch die Inselbewohner wissen, warum sie sich so plagen: Die Mandeln der Insel haben einen hervorragenden Ruf und zählen zu den schmackhaftesten weltweit, da sie einen besonders hohen Fett- und Zuckergehalt haben. So klein wie diese Frucht ist, so reich ist sie an Nähr- und Vitalstoffen, die vor Herz-Kreislauf-Erkrankungen, Diabetes und zu hohem Cholesterinspiegel schützen. Kein Wunder, dass die Mandel in der Inselküche seit Jahrhunderten eine herausragende Rolle spielt.

Von den Römern haben die Mallorquiner ihre Vorliebe für kräftig gewürzte Eintopfgerichte, die lange geschmort werden, übernommen. Von den Arabern hingegen, welche die Mandeln vor über 1.000 Jahren auf der Insel einführten, stammt auch die Angewohnheit, pikante Eintöpfe mit einem Hauch Süßem zu verfeinern, wozu sich mallorquinische Mandeln hervorragend eignen. Gerne kombinieren Inselköche und -köchinnen Mandeln mit Deftigem, z. B. mit Knoblauch, Ei, Zwiebeln, in Saucen oder als Füllungen für Braten. Vor allem werden Mandeln als Bestandteil einer traditionellen kunsthandwerklichen Küche bei der Herstellung von (Mandel-)Kuchen und Gebäck, Desserts und Eis verwendet.

Kein Weihnachten ohne den Mandelnougat *turró* oder die *amargos,* Mandelkugeln, oder die Mandelsuppe mit Zucker und Zimt, die traditionell am Silvesterabend nach der Spätmesse serviert wird. Auch die Mandelmilch *oxata d'ametla* ist eine Inselköstlichkeit, die sich sogar hervorragend als Babynahrung eignet. Das sind nur einige von Hunderten kulinarischer Beispiele, bei denen die Mandel eine Hauptrolle spielt. Ein Tipp für die Zubereitung: Mandeln lassen sich leichter schälen, wenn sie circa eine Minute in kochendes Wasser gelegt werden.

Zum Glück ist die Mandel der Insel heutzutage durch das Qualitätssiegel „Ametlla de Mallorca" geschützt und gewinnt wieder an Bedeutung, da viele kleine landwirtschaftliche Betriebe dieses vielseitige Kleinod wiederentdecken, nachdem die kalifornische Mandel den einst lukrativen Mandelanbau durch ihre günstigere Konkurrenz an den Rand der Bedeutungslosigkeit getrieben hatte. Und was wäre die Insel im Januar und Februar ohne die weiße und zartrosa Blütenpracht von geschätzten sieben Millionen Mandelbäumen? Ein kostbarer Duft, der als Parfüm „Flor d'Ametller" sogar mit nach Hause genommen werden kann.

WOHLFÜHLOASE
IM INSELNORDOSTEN

Geschmackvolle wie gesunde Küche für die Gäste des Landhotel

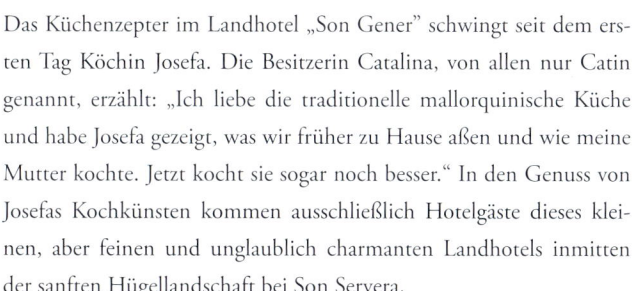

Das Küchenzepter im Landhotel „Son Gener" schwingt seit dem ersten Tag Köchin Josefa. Die Besitzerin Catalina, von allen nur Catin genannt, erzählt: „Ich liebe die traditionelle mallorquinische Küche und habe Josefa gezeigt, was wir früher zu Hause aßen und wie meine Mutter kochte. Jetzt kocht sie sogar noch besser." In den Genuss von Josefas Kochkünsten kommen ausschließlich Hotelgäste dieses kleinen, aber feinen und unglaublich charmanten Landhotels inmitten der sanften Hügellandschaft bei Son Servera.

Obst und Gemüse stammen überwiegend aus dem eigenen Garten, der chemiefrei gedüngt wird. Oder werden auf Märkten, und wenn möglich aus biologischem Anbau, eingekauft. Die Eier sind von eigenen Hühnern, der frische Fisch ist grundsätzlich aus dem Mittelmeer und das Fleisch Marke Bio. Dabei würzt die Köchin viele ihrer Speisen mit den natürlichen Amettla-Mandelmischungen, denn Chefin Catin ist eine der Initiatorin dieses Delikatessprojektes zur Aufwertung der einheimischen Mandel.

Morgens wird dem Gast berichtet, was es Frisches gibt, und er wird gefragt, wann er speisen möchte, zu Mittag oder zu Abend, beides ist möglich. Dazu steht im Weinkeller eine reiche Auswahl an Inselwei-

nen bereit. „Wir leben für das, was der Gast möchte", erzählt Catin. Schließlich hat ihr Mann Antoni, ein mallorquinischer Architekt, das Herrenhaus aus dem 18. Jahrhundert in langer und liebevoller Arbeit restauriert. Und deshalb kommen auf die 15 stilvollen, luxuriösen Zimmer mit minimalistischem, detailgetreuem Ambiente auch vierzehn Hausangestellte, die dem Gast jeden Wunsch von den Augen ablesen. Neben Pool und Spa-Bereich bietet das Hotel sogar einen Yogalehrer für privaten Unterricht. Kein Wunder, dass die Gäste bei diesem individuellen Verwöhnprogramm immer gerne wieder kommen.

SON GENER HOTEL RURAL
Familie Esteva & Cañellas

Ctra. Vella Son Servera - Artà Km 3
07550 Son Servera
Telefon 00 34 / 9 71 18 36 12 und
00 34 / 9 71 18 37 36
www.songener.com
www.ametllademallorca.com

JEDER GANG IST EIN ERLEBNIS

Verwöhnprogramm mit außergewöhnlichen 5-Gänge-Degustationen

Es ist wie nach Hause kommen, nur ins Schlaraffenland. Hinter dem schlichten Stadthaus wartet ein romantisches Interieur in warmen Tönen, mit Kamin, gefliestem Boden im *Art-déco*-Stil, die Wände schmücken wechselnde Kunstausstellungen. Ein afrikanischer Touch ergänzt das einladende Ambiente, da die Gastgeberin Sarah Trappe in Tansania aufgewachsen ist; herzlich begrüßt sie den Gast und erzählt, was ihn erwartet und welch guter Tropfen dazu mundet. Auf Sarahs Rat ist Verlass: Sie hat ihre Diplomarbeit über mallorquinische Weine geschrieben und echte Geheimtipps auf Lager. Ihr Mann hantiert derweilen konzentriert wie ein Hochleistungssportler in seinem Reich, der Küche.

Felix Trappe hat sich den Traum eines jeden Kochs erfüllt: Jeden Morgen lässt er sich auf dem Markt inspirieren. Kreativität als Erfolgsrezept, kein À-la-carte-Angebot, sondern ein besonderes Fünf-Gänge-Menü, das sich in einer lauschigen Sommernacht auch im Innenhof unter dem Mispelbaum einnehmen lässt. Als Vorspeise könnte es z. B. eine „Mango-Gazpacho mit orientalischem Couscous, Gambas und Kaviar" geben. Als Hauptgang „Kalbsfilet mit getrüffeltem Sellerie, Pfifferlings-Risotto und Portwein-Perlzwiebeln" und als Dessert „Explodierender Schokoladenbrownie mit roten Früchten und Tonkabohnen-Vanille-Eis".

Einordnen lässt sich die Kunst des Bremers mit langjähriger Inselerfahrung nicht, doch sie zergeht auf der Zunge: ein Hauch mallorquinisch, ein Hauch asiatisch und ein bisschen Großmutters Lieblingsgeschmäcker. Das Wichtigste dabei sind Qualität und frische Produkte der Saison – zu einem konstanten, sehr fairen Preis. „Wir möchten unsere Gäste am Ende des Tages mit schlüssigen Geschmackserlebnissen überraschen", so das Paar, dessen aufmerksames Personal so international wie die treue Kundschaft ist. Eines ist wichtig: Damit keiner umsonst nach Sant Llorenç fährt, sollte unbedingt reserviert werden.

ES PATI
Sarah & Felix Trappe

Telefon 00 34 / 9 71 83 80 14
Carrer Soler, 22
07530 Sant Llorenç des Cardassar
www.es-pati.com

PARADIES AUF ERDEN

Unvergessliche Momente in magischem Ambiente

Das „Reserva Rotana Private Golf & Wine Resort" ist eine 200 Hektar große Oase mit wundervollen Ausblicken, malerischen Gärten, Weinbergen, Kornfeldern, Schafweiden, diversen Sportanlagen sowie privatem Neun-Loch-Golfplatz für die Gäste von Hotel und Restaurant. Es ist eines der größten Anwesen der Insel im Privatbesitz, nur 10 Kilometer von den schönsten Naturstränden Mallorcas entfernt. Anno 1995 entschlossen sich die Besitzer, Chacha Theler, Prinzessin Loretta zu Sayn-Wittgenstein und ihre Tochter Tiffany Theler, das Herrenhaus aus dem 17. Jahrhundert in ein Luxushotel mit 25 Räumen und Suiten umzuwandeln: „La Reserva Rotana".

Mit viel Liebe zum Detail entstand so ein Juwel, bei dem mallorquinische Tradition, Antiquitäten und Kunstwerke aus aller Welt eine wundervolle Symbiose eingegangen sind. Zeitgemäßer Komfort wie Satelliten-TV, Fussbodenheizung, Klimaanlage, Pool, Sauna, Fitnessraum und Tennisplatz verstehen sich von selbst. Zu Recht gehört La Reserva Rotana zu den Top Ten der luxuriösen Landhotels in Spanien. 1998 wurde das auf der anderen Seite des Golfplatzes gelegene und mit Weinreben umgebene „Landgut Es Mayolet" renoviert, last but not least entstanden die luxuriösen Villas der Rotana, die man

käuflich erwerben kann. Die Rotana ist auch ein bewirtschaftetes Landgut, auf dem das ganze Jahr über Obst, Gemüse, Kräuter, Oliven – für das eigene Öl – und Weintrauben für den exzellenten Rotana-Wein geerntet werden. Herrlich frische Produkte werden im Gourmetrestaurant „Sa Rotana" als wahre kulinarische Genüsse kredenzt. Die besonders innovative Küche ist mediterran, ein wahrer Augen- und Gaumenschmaus. Sie hält selbst strengsten Kriterien weitgereister Gourmets stand und erfreut sich großer Beliebtheit bei den Insel-Residenten. Wer ein ganz besonderes Fest feiern will, ist in der „Reserva Rotana" genau richtig!

**LA RESERVA ROTANA
PRIVATE GOLF & WINE RESORT**
Loretta zu Sayn-Wittgenstein
& Tiffany Theler

*Camí de Bendris km 3
07500 Manacor, Baleares
Telefon 0034 971845685
www.reservarotana.com*

GENUSS PUR IN MALERISCHEM AMBIENTE

Multikultureller Treffpunkt der internationalen Gourmetszene

Das weit über die Inselgrenzen hinaus bekannte „Restaurante Colón" liegt direkt an der Hafenpromenade des malerischen Naturhafens Portocolom an der Südostküste Mallorcas. Hier geben sich einheimische Fischerboote, Jachten und Segelboote aus aller Welt ein Stelldichein. Das internationale Publikum kommt von weit her, um sich von der kreativen Haute Cuisine Dieter Sögner's verwöhnen zu lassen. Gaumenfreuden der besonderen Art!

Das Ambiente ist eine gelungene Mischung aus Kolonialstil und balinesischen Elementen, englischen Ledersofas, opulenten floralen Kreationen, Steinmauern und stimmungsvoller Musik. Das Setting unter freiem Himmel besticht durch einen besonders schönen Blick auf die malerische Bucht. Seit 1999 kombiniert der gebürtige Österreicher klassische Spezialitäten seiner Heimat mit Einflüssen der traditionellen mediterranen Küche. Eine wundervolle und äußerst schmackhafte Symbiose. Daher nehmen Urlauber und Inselresidente den oft weiten Weg von anderen Teilen der Insel – gerne – in Kauf, um in den Genuss der „Gaumentratzerln" zu kommen, die der äußerst ideenreiche Chef seinen Kunden kredenzt: „Kochen ist meine große Leidenschaft, bei mir kommt alles frisch auf den Tisch."

Die Karte verspricht Klassiker wie „Gröstl aus Oktopus mit schwarzen und grünen Oliven", „Hummernockerl mit Basilikum und Parmesan", „Seeteufel auf schwarzem Risotto und Minztomaten" oder „Crème brûlée von der Kaktusfeige und Marillensorbet". Ehefrau Onika Sögner empfiehlt mit viel Charme den richtigen Tropfen aus der großen Weinauswahl. Wer dann noch einen erstklassig gemixten Cocktail genießen möchte, kann dies in ihrem beeindruckenden, in kubanischem Flair, ganz in Lila gehaltenen, „Club Fidel" – nur zwei Häuser weiter!

COLÓN
Dieter Sögner

Carrer Cristobal Colón, 7
07670 Portocolom
Telefon 0034 / 97 1 82 47 83
www.restaurante-colon.com

SPORTING CLUB FIDEL
Onika Sögner

Carrer Cristobal Colón, 3
07670 Portocolom
Telefon 0034 / 97 1 82 47 34
www.clubfidel.com

Flor de Sal:
Ein Geschenk des Meeres

Salz ist auf Mallorca nicht gleich Salz

Heiß und ganz leicht windig muss es sein, damit sich eine hauchdünne Schicht auf der Wasseroberfläche der Salinen im Süden Mallorcas bildet – die Salzblume, das teuerste Meersalz, das *„Flor de Sal d'es Trenc"*. Diese oberste Salzschicht wird so vorsichtig wie möglich per Handarbeit mit einer Metallschaufel abgeschöpft, damit die wertvollen Salzkristalle erhalten bleiben. Nach der Ernte trocknen die Kristalle unter Mallorcas Spätsommersonne.

Bereits pur genossen ist das *Flor de Sal* sehr intensiv, da unter anderem der geschmacksverstärkende Magnesiumanteil höher ist als bei normalem Speisesalz, wohingegen es einen geringen Natriumchloridanteil hat. In dem kostbaren Flor de Sal sind über rund 80 Mineralien und Spurenelemente enthalten, und das besondere Aroma dieser grobkörnigen „Meerwasseressenz" erfreut sich seit Jahren großer Beliebtheit bei Spitzenköchen und in der hohen Gastronomie. Auch erobert es immer mehr „normale" Küchen und mittlerweile wird das *Flor de Sal d'es Trenc* aus Mallorca in die ganze Welt verschickt.

Bereits Phöniziern und Römern schätzten die Salzblume und ernteten sie wie noch heute an den Küsten und Salinen am Es Trenc Strand, so dass sich bei dem aufwendigen Ernteprozess – der nur an einigen wenigen Tagen mit bestimmter Witterung stattfinden kann - seit 2.000 Jahren nicht viel verändert hat. So wie sie auch das Steinsalz nutzten, das auf Mallorca *„sal de cocó"* genannt wird, durch Verdampfung des Meerwassers entsteht und sich in den Klippen der Küste absetzt.
Eine moderne Tendenz ist die Veredelung des *Flor de Sal* mit mediterranen Geschmacksnoten, wobei entscheidend ist, dass diese Zusatzstoffe frisch und natürlich sind. *Flor de Sal d'es Trenc* war europaweit, ja wahrscheinlich sogar weltweit, die erste Marke, die das Salz mit anderen Zutaten bereicherte. Die Variationen reichen von Inselaromen wie Hibiskus, Olive, Lavendel, Rosmarin oder anderen Kräutern über Exotisches wie Curry.

Andere Anbieter, die ihr Salz nicht auf Mallorca ernten, fügen ihren Produkten pikantes wie verschiedene Pfeffersorten oder Chili und ausgefallene Aromen wie Rot- oder Weißwein, Orangen- oder Zitronen, Mandeln oder auf Fleisch- oder Fischgerichte abgestimmte Gewürzmischungen hinzu.

Auch wenn das Salz andere Zutaten konserviert, so ist das aromatisierte Gesamtprodukt naturbelassen und sollte deshalb nicht zu lange aufbewahrt sondern munter verwendet werden. Zwar ist es durch seinen intensiven Geschmack sparsam im Gebrauch, doch wer sich einmal daran gewöhnt hat, auch einfache Speisen mit ein paar Körnchen „aufzupeppen", möchte dies dann nicht mehr missen. Zumal die Geschmacksvielfalt der verschiedenen Salzmischungen die kulinarische Kreativität inspiriert und es großen Spaß macht, immer mal wieder ein neues Salz auszuprobieren. Das bekannteste *Flor de Sal-Salz* in den verschiedensten Geschmacksrichtungen ist das *Flor de Sal d'es Trenc* – als einziges Original von den Salinen am kilometerlangen Naturstrand Es Trenc.

LEBEN UND LEBEN LASSEN

Entspannt speisen mit atemberaubendem Meerblick

Dem Himmel so nah und Meer, so weit das Auge reicht: Das „Pura Vida" ist nicht nur wegen seiner einzigartigen Lage, direkt an der Steilküste von Cala Figuera, weit über die Grenzen Mallorcas bekannt. „Wer Glück hat, kann von unserer Terrasse aus Delfine beobachten", so Inhaber Karl-Heinz Mülle, der von seinen vielen Stammkunden „Kalle" genannt wird. Vor sechs Jahren entdeckte er „diesen Rohdiamanten", der mit viel Arbeit und viel Liebe zum Detail zu dem geschliffen wurde, was es heute ist: ein Juwel, der seinesgleichen sucht.

Die Kombination aus Bistro mit Billardtisch und Spielplatz für Kids, verglastem Restaurant mit stimmungsvoller Außenterrasse, Cocktailbar mit Chill-out-Klängen, Pool mit Liegen und Sonnenschirmen ist ein Erfolgskonzept, das nicht nur Prominente, Politiker und Fußballer in seinen Bann zieht, sondern auch Menschen wie dich und mich. Die multikulturellen Gäste sind „Residente, Urlauber, Individualisten, Freaks und Gourmets", so Geschäftspartnerin Carolin Hartmüller. Das „Pura Vida" ist von morgens bis spät abends geöffnet und kann für Events aller Art gebucht werden. Hier trifft man sich alle Jahre wieder zu rauschenden Vollmondpartys oder zur Bikeweek.

Die Küche ist mediterran-international, mit einem großen Angebot für Vegetarier. Besonders beliebt sind leckere Frühstücke, Salate, „Linsencurry mit Kokosnussmilch, Ingwer, Ananas und Bananenchips", „Oktopus-Carpaccio an Limonenvinaigrette und einer Chorizo-Melange", „Lammcarrée an Tomaten-Aprikosenragout, Pomme Parisienne und Ratatouille", „Variation von Edelfischen", „Doradenfilet auf Tomatensalbeisauce und Kürbisrisotto" und viel Leckeres mehr. Die Weinauswahl ist hervorragend, der eigene Hauswein „Crianza Pura Vino 25" stammt aus der „Bodega Macià Batle". Das „Pura Vida" ist erlebenswert – das pure Leben eben.

PURA VIDA
Karl-Heinz Mülle
& Carolin Hartmüller

Carrer Tomarinar, 25
07659 Cala Figuera
Telefon 00 34 / 971 16 55 71
www.pura-vida-mallorca.com

SPEISEN ZU JEDER TAGESZEIT

Hotel- und Restaurantgäste werden gleichermaßen verwöhnt

Ob Sommer, Winter, mittags oder abends, in das „Restaurant im Hotel Santanyí" möchte man eigentlich immer einkehren. Das pittoreske Haus ist nicht nur für seinen fürsorglichen Rundumservice unter der Leitung von Silke und Martin Berdan bekannt, sondern auch für seine abwechslungsreiche und kreative Küche. Wer durch das Restaurant in den Patio gelangt, ist erstaunt und entzückt - was für ein Ambiente! Unter schattigen Sonnensegeln offenbart sich ein kleines Paradies mit vielen Kräutern, duftenden Orangen und Zitronen. Die Tische sind farbenfroh mit Früchten und Blumen geschmückt, es ist wie im Märchen, wenn abends hunderte Kerzen brennen! Romantischer kann man sich Mallorca kaum erträumen.

Was auch immer die Köche zaubern, ist frisch und gesund, originell und knackig zubereitet und stimuliert die Geschmacksnerven aufs Feinste.

Zum reichhaltigen Frühstücksbuffet gibt es frisch gebackenes Brot und selbst gemachte Marmeladen sowie ein Glas Sekt oder einen frisch gemixten Fitnessbecher. Die mediterran-internationale Tages- und Abendkarte wechselt regelmäßig und ist kombinierbar, so kann zum Mittag auch die halbe Portion bestellt werden, Obst und Gemüse werden grundsätzlich vor Ort bei den Mallorquinern eingekauft, die Fische sind aus dem Mittelmeer.

Besonderes Lob verdienen die mit einem speziellen Touch verfeinerten Tapas und überraschenden Varianten von Mallorcas berühmtem *pa amb oli*, Brot mit Öl z.B. mit Thunfisch, Fetakäse, Rührei oder Spiegelei. Auf der Karte stehen ausschließlich mallorquinische Weine, sogar der Kaffee ist von einer mallorquinischen Rösterei und bei den täglich frisch gebackenen Kuchen darf der typische Mandelkuchen nicht fehlen. Highlights sind die Barbecue-Abende immer freitags und die Tapas-Abende am Montag.

Kulinarisches Inselfeeling für Genießer, die das Besondere suchen. Abends bitte unbedingt reservieren.

RESTAURANT IM HOTEL SANTANYÍ
Silke & Martin Berdan

Silke und Martin Berdan
Plaça Constitució, 7
07650 Santanyí
Telefon 00 34 / 9 71 64 22 14
www.hotel-santanyi.com

INDIVIDUELLER WOHLFÜHLSERVICE

Living Houses: Kompletter Hotelservice auch im Stadthaus

Das kleine „Hotel Santanyí" überrascht im romantischen Kern des Städtchen gleichen Namens und überzeugt mit viel Charme, umsichtigem Personal und liebevoller Führung. Das ganze Jahr über kombinieren die Gastgeber Silke und Martin Berdan Herzlichkeit mit hoher Professionalität – und bieten ein wunderschönes Ambiente in dem 300 Jahre alten Stadtpalast. Im traumhaften Innenhof plätschert ein Brunnen, romantisch und Detail orientiert sind auch der Frühstücksraum und das hauseigene Restaurant. Sieben Doppelzimmer mit Namen spanischen Städte (auch als Einzelzimmer buchbar) bieten allen Komfort: Fernsehen, W-Lan, Minibar, Heizung und warme Bettdecken im Winter, helle, moderne Bäder mit Duschwannen und teilweise eigene Terrassen. Die große erweiterte Dachterrasse mit Blick über die Dächer von Santanyí und Chill-out-Bereich kann wie das ganze Haus jetzt für Events gebucht werden.

Die große Beliebtheit des Hauses legte nahe, zu expandieren. Durch die Freundschaft der Kinder lernten Berdans das Ehepaar Maren und Hans-Peter Oehm kennen, die seit über 15 Jahren in Santanyí ein Architektur- und Planungsbüro für exklusive Landhäuser und Villen am Meer führen und eine neue Idee entwickelten: „Living Houses" vermietet liebevoll und stilgerecht renovierte Stadthäuser als luxuriöse Feriendomizile mit dem Service eines Hotels. Was liegt da näher, als sich zusammenzutun?

Mit diesem neuen Konzept eröffnet sich dem Gast zusätzlich zum Hotelaufenthalt der Urlaub in einer Stadtvilla in Hotelnähe, in großzügigen Räumlichkeiten mit absoluter Privatsphäre und dem vollständigen Hotelservice: vom Zimmerservice, Catering im Haus bis zur Bewirtung vor Ort, von der Bereitstellung des Frühstücks bis zum eigenen Koch im Ferienhaus. Genauso kann der Gast jederzeit das hoteleigene Restaurant in Anspruch nehmen.

HOTEL SANTANYÍ
Living Houses
Silke & Martin Berdan

Plaça Constitució, 7
07650 Santanyí
Telefon 00 34 / 9 71 64 22 14
www.hotel-santanyi.com

MANOLOS FRISCHER FISCH

Wer noch hier noch nicht speiste, kennt Mallorca nicht wirklich.

Drei Finger hält er gerade, den Daumen gespreizt, ein leises Gemurmel erfolgt, sowie der Ausruf: „Oh, was für ein Duft!" Der Gastwirt segnet jedes Essen, das er serviert, jeden Fisch, den er liebevoll und höchstpersönlich vor den Gästen zerlegt. Manolo ist nicht nur für seinen erstklassigen Fisch bekannt, sondern auch für seinen Witz und seine Theatralik. Wie ihn gibt es auf der ganzen Insel keinen Zweiten – und wahrscheinlich auch keinen Mallorquiner, der noch nie in der „Casa Manolo" in Ses Salines gespeist hat.

Das schlichte Lokal mit den roten Backsteinverzierungen und grünen Holzstühlen vor der Tür ist ein Familienbetrieb in der dritten Generation. Bereits Manolos Mutter Apolonia war eine begnadete Köchin. Wie ihr Sohn heute noch, würzte auch sie ihre Tapas, die an Feiertagen und am Wochenende in der elterlichen Bodega serviert wurden, mit reinem Meersalz. Manolo erinnert sich, wie er als Junge die Tapas am liebsten auf Rollschuhen servierte: „Das ging zum Erstaunen der Gäste immer gut, ich hatte nie einen Unfall". Heute steht in der „Casa Manolo" neben dem Hausherrn seine Frau Margarita an der Spitze, Sohn Juan in der Küche und Tochter Apolonia ist Geschäftsführerin. Das Restaurant ist ein Klassiker, der sich immer wieder neu erfindet.

Ob die *caldereta de bogavante*, das Hummersüppchen, oder der Seebarsch in der Salzkruste (der „Schickimicki-Fisch", erzählt Manolo, ernährt sich nur von Garnelen und Krebsen), der *calamar de potera*, Kalmar in der eigenen Tinte, oder die reiche Tapas-Auswahl. Über allem steht ein Adjektiv: frisch, frisch und nochmals frisch.

Köche von Weltruhm lassen es sich hier munden und auch das spanische Prinzenpaar, das einen Tisch für zwei Personen unter dem Namen „Gutierrez" reservierte. Das zeigt eines unter hunderten Fotos an der Wand mit Manolo und dem äußerst zufriedenen Prinzenpaar.

BODEGA BARAHONA
CASA MANOLO
Manolo Barahona

Plaça Sant Bartolomé, 2
07640 Ses Salines
Telefon 00 34 / 9 71 64 91 30
www.bodegabarahona.com

VORHANG AUF FÜR FRISCHES GRILLFLEISCH

In Ses Salines kehrt der Fleischfreund in ein ehemaliges Theater ein

Das Dorf Ses Salines im Süden der Insel ist durch die „Casa Manolo"- für exzellenten Fisch bekannt. Auch wer richtig gutes, frisches Fleisch sucht, ist hier goldrichtig. Vom Erfolg mit seinem Fisch beflügelt, verwandelte der Gastwirt Manolo Barahona das ehemalige Dorftheater gleich neben seiner „Casa Manolo" in die Gourmetbühne „Asador es Teatre". Auf der „Bühne" dieses schönen alten Hauses aus dem 19. Jahrhundert spielt nun Fleisch die Hauptrolle. Als Geschäftsführer kam niemand anderes als Schwiegersohn Gabriel Rosselló in Frage, der ebenso auf Qualität setzt, aber eben auf hochwertiges, bestes Fleisch, frisch auf dem großen Grill zubereitet und ohne Schnickschnack: „Wir verwöhnen mit einfachem Essen, mit dem wir die Gäste glücklich machen möchten." Das gelingt!

Bereits ein Hingucker ist für den, der auf der hübschen Terrasse sitzt und aufs Dorfgeschehen blickt, der wohl inselweit größte, mit Holz befeuerte Grill, auf dem hinter Glas zarte mallorquinische Lammkoteletts, goldbraune Spanferkel vom schwarzen Schwein, saftige Steaks oder knusprige Landhühnchen brutzeln. Der Koch beherrscht die langsam über der Glut schmorende, traditionelle argentinische Asado-Zubereitung perfekt, ein Gaumenschmaus!

Auch im einladenden Restaurantinneren mit der stattlichen Empore lässt es sich äußerst stilvoll speisen, was sich ebenfalls sehr für Bankette, Hochzeiten und Familienfeste empfiehlt. Abends ist die Bühne frei für die *cena maridaje*: ein romantisches Diner mit erlesenem Wein. Denn die Bodega des Weinspezialisten Gabriel hat im rustikalen Theaterkeller so allerhand an edlen spanischen und mallorquinischen Tropfen zu bieten, die durch die dicken Marés-Steinwände bei perfekter Temperatur lagern.

Unbedingt probieren: den besten aller iberischen Räucherschinken, den „Cinco Jotas". Und auch die Tapas sind in diesem Fleischtempel wahrhaft köstlich!

ASADOR ES TEATRE
Manolo Barahona

Plaça Sant Bartolomé, 4
07640 Ses Salines
Telefon 00 34 9 71 64 95 40
www.asadoresteatre.com

ROMANTIK PUR

Typisch mallorquinisches Flair in 300 Jahre altem Gebäude

Ses Salines liegt nur 10 Minuten von den Stränden *Es Trenc*, *Es Caragol*, *Cala Llombards* und *Cabo Salines* und nur 5 Minuten von Santanyí entfernt. Ideal, um einen Strandtag in legerer Atmosphäre ausklingen zu lassen, ein Muss bei jeder Sightseeingtour, beliebter Treffpunkt der Inselresidenten. Besonders im „Cassai Gran Café & Restaurant" schlagen die Herzen nicht nur der Romantiker unter uns höher.

Joan Nadal und seine Frau Catalina Socias vom gegenüberliegenden und zur Gruppe gehörenden „Cassai Home & Fashion" haben den jahrhundertealten, inseltypischen *patio mallorquín* in einen mediterranen Traum verwandelt: romantisches Kerzenlicht, der Duft nach Orangen, harmonische Klänge, ein Ort zum Verweilen und Seele-Baumeln-Lassen. Die gelungene Kombination aus Tradition und Avantgarde wird von internationalen Gaumenfreuden unterstrichen – von Februar bis November, täglich von 11 Uhr morgens bis 11 Uhr abends. Auf der Tageskarte stehen *tapas*, die typisch spanischen Appetithäppchen, ein täglich wechselnder *plato de día*, eine große Auswahl an Kaffees, Kuchen und Eiscreme – als kleine, mittlere, große und XL-Portion erhältlich. Abends werden Leckerbissen wie die italienische *fogazza* mit Lachs, der einheimische *tumbet mallorquín*, „Spanferkel mit Kartoffeln aus Sa Pobla" oder „500 g Lubina mit Gemüse à la

mallorquina" kredenzt. Auch Internationales steht auf der Karte: „Filet mit foie und Trüffeln", „Entenbrust auf dem heißen Stein" oder ein leckerer „Asiatischer Salat mit Gambas al Wok".

Die Weinauswahl ist hervorragend, mit vielen Weinen kleiner, aber feiner mallorquinischer *bodegas* und edlen Tropfen vom spanischen Festland. Wer dann gar nicht mehr nach Hause will, kann sich im nahe gelegenen „Hotel Es Turó" einquartieren – natürlich auch im unverwechselbaren Cassai-Stil.

**CASSAI GRAN CAFÉ
& RESTAURANT**
Joan Nadal

Carrer Sitjar, 5
07640 Ses Salines
Telefon 0034 / 9 71 64 97 21
www.cassai.es

Inselspezialitäten

Ein kleiner Exkurs in mallorquinische Küchentöpfe

Es besteht kein Zweifel, die Mallorquiner essen gerne und das Inselklima ist appetitanregend. Grund genug für eine überraschend vielfältige Küche: Mallorquinische Kost ist schlicht und gleichzeitig raffiniert, deftig und abwechslungsreich, eine Folge von Mallorcas turbulenter, durch die verschiedensten Völker geprägte Vergangenheit.

Ein Lieblingsgericht der Mallorquiner ist der *arròs brut*, der „schmutzige" Reis. Das ist ein bunter Reiseintopf mit Hühnerstückchen (früher mit Jagdgut wie Kaninchen) und viel Gemüse sowie Tomaten, der nach Safran und Zitrone duftet und in einer typischen Ton-Suppenschüssel, der *greixonera*, geköchelt und serviert wird.

Klassisch sind auch die *sopes mallorquines*, vor allem im Winter wärmende Kohlgemüseeintöpfe mit hauchdünnen Brotscheiben und ein paar Fleischstückchen. Das Fleisch kommt vorzugsweise vom Schwein, und zwar vom schwarzen *porc negre*, auch für das beliebte Pendant zur Kohlroulade *llom amb col*. Ein Beispiel für die zahlreichen Wurstspezialitäten aus Schweinefleisch ist die häufig noch hausgemachte, mit süßer Paprika verfeinerte, rote *sobrassada*.

Beliebt bei den Mallorquinern sind Schnecken *cargols*, die in einem gesundheitsfördernden Kräutersud geköchelt werden.

Mit Meersalz, etwas Zitrone und gutem Olivenöl gewürzt locken die zahlreich gegrillten oder gebratenen Mittelmeerfische, z. B. der *cap roig* genannte Drachenkopf – eine Spezialität mit reichlich glasierten Zwiebelringen – oder die Goldbrasse in Salzkruste *orada al forn*. Schmackhaft sind auch gegrillte Sardinen *sardinas* oder die *molls* genannten Rotbarben, Seezungen *llenguado*, Rotbarsch *cap roig*, Tintenfisch *calamar*, Garnelen *gambetes* und Languste *llagosta*. Ebenso wie der Fischtopf nach Mallorquiner Art *sopa de peix* oder für den Hunger zwischendurch die *boquerons*, in Zitronensaft und Mehl marinierte Sardellen. Natürlich gibt es auf Mallorca auch hervorragende *paella* – das spanische Nationalgericht – und auch die *tapas* auf Mallorca sind abwechslungsreich und wohlschmeckende Appetitanreger.

Für Vegetarier ist das *tumbet* attraktiv, als sommerliches Gemüsegericht einer Ratatouille ähnlich, oder die vielseitige mallorquinische Gemüsepizza *coca de verdures*. Auf keinem Tisch dürfen die *olives*, leicht bittere grüne mallorquinische Oliven, und die Knoblauch-Mayonnaise *allioli* fehlen. Und das salzlose traditionelle Bauernbrot *pa mallorquin*, das sich als *pa amb oli* mit Tomate, Salz und Olivenöl zu jeder Mahlzeit, vor allem aber als Frühstück und Vesper, größter Beliebtheit erfreut und das – ob hell oder dunkel, geröstet oder nicht, mit oder ohne weitere Zutaten – überall ein bisschen anders schmeckt.

ENTSPANNUNG PUR

Harmonie für Körper, Seele und Geist

Idyllisch zwischen Mandel- und Olivenbäumen gelegen, mit einem wundervollen Blick auf das Tramuntana-Gebirge, nur 15 Minuten von Palma, besten Restaurants und 10 Golfplätzen entfernt, liegt „S´Hort de Son Caulelles" – auf gut Deutsch der „Obstgarten von Son Caulelles". In dem 2008 eröffneten und zertifizierten Golf-Wellness-Hotel der Familie Bleeck dreht sich alles um Entspannung, Wellness und leibliches Wohlergehen.

Hier wird alles geboten, was das gestresste und ruhesuchende Herz begehrt: Klassische- und Sport-Massagen, Physiotherapie, Lymphdrainagen, kosmetische Behandlungen, Golfphysiotherapie, Ernährungsberatung, Wellnessbehandlungen à la "Hot Chocolate" und Ayurveda-Massagen, die zur inneren Ruhe führen oder lang vermisste Energien wieder zu neuem Leben erwecken. Natürlich sind alle "Son Caulellaner" in ihren jeweiligen Bereichen staatlich geprüft und professionell. Im Angebot sind Wellnesspakete, Golf-Specials und vieles mehr. Mediterrane Frühstücksbuffets, viel frisches Obst und Gemüse, leichte Kost und das hauseigene Olivenöl inklusive.

Bei den Mallorca-Residenten gilt der Day-Spa als absoluter Geheimtipp! Auf den Liegen neben dem großen Pool kann man herrlich die Seele baumeln lassen oder einen entgiftenden Saunagang mit anschließendem Salzkristallpeeling einlegen. Chillen par excellence, mit dezenten und beruhigenden Klängen, die einfach nur gut tun. „Unsere Schafe-CD läuft den ganzen Tag über", so schmunzelnd Pascal Bleeck, der mit seiner Lebensgefährtin und seiner Schwester erfolgreich seit 5 Jahren das kleine Fincahotel vor den Toren Palmas betreibt. Sie haben sich damit bereits in jungen Jahren ihren Traum erfüllt, dort zu leben und zu arbeiten, wo andere Urlaub machen.

SON CAULELLES
Physio & Wellness / Day Spa
Pascal Bleeck

Cami des Mirador
07141 Sa Cabaneta
Telefon 0034 / 664 67 42 74
www.son-caulelles.com

DAS BESTE AUS MALLORCA

Botschafter des guten Geschmacks

„El Mallorquín", wie Georg Weimert von seinen Lieferanten liebevoll genannt wird, lernte Mallorca schon als Kleinkind kennen – und lieben. Die Leckereien, die er nach seinen Aufenthalten im Freundeskreis verschenkte, waren immer auch mit inseltypischen Anekdoten geschmückt. So entstand die geniale Idee, „sein" Mallorca-Feeling und die kulinarischen Spezialitäten via Onlineshop nach Deutschland zu bringen. „Bei uns steht nicht nur Mallorca ´drauf, da ist auch Mallorca drin!", so der sympathische Pionier, der Mallorcas Spezialitäten zur Feinkost veredelt hat.

Seit 2001 bringt Georg Weimert qualitativ hochwertige inseltypische Produkte aus den touristisch kaum erschlossenen Regionen im Inselinnern Mallorcas nach Deutschland. Eingekauft wird ausschließlich bei kleinen Herstellern und Weingütern, die eine besonders hohe Qualität garantieren können, denn laut Weimert „ist der Mensch sinnlich und nicht nur ein Konsumententier". Im Sortiment sind eine große Auswahl hervorragender mallorquinischer Weine, traditionell hergestellte Olivenöle, kostbare Essige, Wurst, Käse, Schinken, Eingelegtes, Salze in verschiedenen Geschmacksrichtungen, delikate Honigvariationen, leckere Konfitüren, Mandeln, Schokoladenturrons und die schneckenförmigen *ensaïmadas* – das traditionelle mallorquinische Gebäck mit und ohne Füllung aus „Engelshaar".

Der Mallorquiner ist eine Erfolgsstory par excellence: Inzwischen pilgern Kunden aus nah und fern in die moderne Verkaufshalle nach Bornheim bei Bonn, in der ausschließlich Produkte der Balearen-Inseln verkauft werden. „Der Mallorquiner" und seine Mitarbeiter beliefern direkt und via Internet Feinkosthändler, Restaurants und Privatpersonen. Für seine Kunden organisiert er Wein-Ausflüge zu den schönsten Weingütern der Insel (www.die-weinbotschafter.de). Holen Sie sich ein Stück mallorquinisches Lebensgefühl in den deutschen Alltag und begegnen Sie Freunden aus sonnigen Tagen auf Mallorca!

DER MALLORQUINER
Georg Weimert

www.mallorquiner.com
www.mallorcawein1314.de

Was kommt zu den Fiestas auf den Tisch?

Einst gab es Fleisch nur zu besonderen Anlässen,
das ist heute anders

In Vor-Tourismus-Zeiten gab es auf Mallorca eine vegetarische, von der Landwirtschaft geprägte Küche. Obst und Gemüse, die den Speiseplan bestimmten, gab es reichlich zu allen Jahreszeiten. Die heute vielbeschworene mediterrane Diät war damals eher eine Notwendigkeit, wobei man an der Küste anders als im Landesinneren aß. Fleisch und Fisch kamen eher selten auf den Tisch. Das änderte sich, als seit den 60er-Jahren der Tourismus und die internationale Küche die Insel eroberten. Seitdem werden einstige Festessen als die „normale" Küche Mallorcas gepriesen. Denn die überwiegend bäuerlichen Familien schlachteten meistens nur ein- bis zweimal im Jahr. Im Frühjahr ein Lamm für das hochgeschätzte Frühlingsgericht *frit mallorquín*, das heutzutage ganzjährig gegessen wird: ein gut gewürztes frittiertes Gemüsegericht mit Innereien vom Lamm. Das *frit* gibt es auch ohne Innereien, doch stets mit viel Gemüse und reichlich Olivenöl, oder als Fisch- und Tintenfischvariante. Zu Ostern wird das Lammfleisch in den *empanats* genannten Teigtaschen versteckt, dazu kommen Erbsen oder Blattspinat, Zwiebeln, Knoblauch, Rosinen und Pinienkerne. Eine kulinarische Osterspezialität ist auch das als *mona de pasqua* bezeichnete Kuchenbrot mit hartgekochten Eiern.

Im Dezember stellen die *matances* bis heute ein überaus wichtiges Familienspektakel dar. Nun schlachtet man das eine Schwein. Dabei wird wirklich alles verarbeitet, vor allem zu Würsten als Vorrat für das ganze Jahr. Sagen die Mallorquiner doch, es gibt mehr Würste als Tage, die bekanntesten Würste heißen *butifarró* und *sobrassada*.

Am Weihnachtsabend gibt es häufig nur ein bescheidenes Mahl, meistens ein Fischgericht wie z. B. eine Goldbrasse *orada de nadal*. Am nächsten Tag kommen Verwandte und Freunde zum *dinar de nadal*, dem Weihnachtsessen, und nun wird prächtig getafelt: mit Trockenfrüchten, Brotkrumen und *sobrassada* gefüllte Pute oder Lammkeule oder das *porcella* genannte Spanferkel, das auch gerne am Neujahrstag aufgetischt wird. Auf dem Land genießt man an diesen Tagen auch heute noch die *escaldums* genannten Eintöpfe, z. B. mit Truthahn, Wurst und Mandelsauce. Dazu trinkt man die Liköre *palo* oder *hierbas*. Kinder naschen Feigenbrot und mallorquinisches Weihnachtsgebäck wie *amargos* und *crespells* und natürlich *turró*, eine Mandelnougatleckerei in den verschiedensten Variationen, die unbedingt zum Heiligabend gehört.

STÖBERN UND SCHLEMMEN

Eigener Kuchen, eigener Wein – stilvoller Geschmack im Lifestyle-Store

Das „Rialto Living" ist ein Einkaufstempel der besonderen Art und ein vorzüglicher gastronomischer Geheimtipp. Wo einst Filme über die Leinwand flimmerten und noch immer die antiken Kinostrahler an der hohen Decke dem Raum ein cineastisches Flair geben, lässt es sich herrlich frühstücken, gesund essen und köstlichen Kuchen genießen. Seit 2007 bietet der renovierte Stadtpalast, in dem einst das legendäre Rialto-Kino aus dem Jahr 1928 residierte, als „Lifestyle-Kaufhaus" auf 800 Quadratmeter alles, was schön, edel und elegant ist: originelle Wohnaccessoires, ausgesuchte Möbel, antike Lampen, besondere Literatur, ausgefallene Mode, wertvolle Stoffe und vieles mehr.

Das schwedische Eigentümerpaar Barbara Bergman und Klas Kall sucht jedes Detail, das es so kein zweites Mal auf Mallorca gibt, eigenhändig aus. Diese Note des handverlesenen, das einladende Ambiente und der freundliche Service kennzeichnen auch die Cafeteria: „Bei uns ist alles mit Liebe hausgemacht, es gibt keine strikte Linie", sagt Barbara Bergman, die selbst gerne auf der Empore mit Blick in die Wohnwelten speist. Zum Frühstück stehen frisch belegte

pulguitas- Mini-Sandwichs – und Croissants, frischer Orangensaft und verschiedene Kaffee- und Teesorten bereit (der *latte macchiatto* ist ein Gedicht!). Mittags gibt es jeden Tag ein neues Gericht von mediterraner, internationaler Leichtigkeit, dazu abwechslungsreiche Salate. Zur Shoppingpause kann man zwischen dem täglich frisch gebackenem Apfelkuchen – mit streng geheimem Rezept –, Karotten- und Schokoladenkuchen, Muffins, Cookies und Biskuit wählen. Bis zum Ladenschluss locken Snacks, Drinks oder Cocktails – und natürlich der Hauswein.

Die Trauben des „Son Palau de Coa Negra" kommen von den eigenen Weinfeldern aus Consell und das Etikett schmückt die Zeichnung eines gerngesehen Gastes: Hund Morris, das Maskottchen des „Rialto Living".

RIALTO LIVING
Barbara Bergman & Klas Kall

Carrer Sant Feliu, 3
07012 Palma de Mallorca
Telefon 00 34 / 9 71 71 33 31
www.rialtoliving.com

WENN TRÄUME IN ERFÜLLUNG GEHEN

Entspannung auf höchstem Niveau – mit allen Sinnen

Eat, sleep, drink, live ist das erklärte Credo des im Sommer 2013 eröffneten „Hotel Cort" im Herzen Palmas. Dieses ganz besondere Boutiquehotel liegt direkt gegenüber des traditionsreichen Rathauses von Palma, eingerahmt von einem sagenumwobenen, über 100 Jahre alten Olivenbaum, pittoresken Jugendstilbauten und luxuriösen Geschäften, nur fünf Gehminuten von Palmas Kathedrale „La Seu" oder der „Plaza Mayor" entfernt. Hier findet das echte Palma statt, mallorquinisches Lebensgefühl par excellence.

Dem renommierten katalanischen Innenarchitekten Lázaro Rosa-Violán ist eine wundervolle Symbiose aus traditionellen Elementen, mediterranen Farben und kosmopolitischem Chic gelungen – mit allen Finessen und zeitgemäßen technischen Details, die dem Weltenbummler das Leben so angenehm machen. Wer einmal hier gewesen ist, kommt immer wieder, denn dieser Ort zieht alle in seinen Bann und lädt zum Verweilen ein. Die Gäste werden mit einem "Road-Book" begrüsst, das ihnen Hotel und Restaurant erklärt sowie über die Sehenswürdigkeiten Palmas informiert. Das Vier-Sterne-Plus-Refugium verfügt über 14 Suiten, davon zwei Duplexsuiten, und zwei Doppelzimmer, alle mit privater Weinbar, SmartTV´s, einige mit ele-

ktrischen Kaminen und Doppelduschen ausgestattet. Auf der Dachterrasse mit Panoramablick laden Pool und Liegen zum Faulenzen ein.

Natürlich ist auch für das leibliche Wohl gesorgt. Im Restaurant werden internationale Spezialitäten geboten, der Karte des zur Gruppe gehörenden „Tast Club" angepasst. An der Bar lässt es sich herrlich entspannen, in der hervorragenden Weinauswahl schwelgen und den einen oder anderen Cocktail genießen. Im Café-Bistro auf der altehrwürdigen „Plaza Cort" im Zentrum der Balearenhauptstadt wird eine umfangreiche Auswahl an Kaffees, Tees, Kuchen, internationalen Frühstücksvarianten und Snacks geboten – von 7 Uhr morgens bis 2 Uhr nachts. Life as it should be!

HOTEL & RESTAURANT CORT
Direktorin: Barbara Wunderlich

Plaça de Cort, 11
07001 Palma de Mallorca
Telefon 0034 / 971 21 33 00
www.hotelcort.com

KOSMOPOLITISCHER CHIC

Warum in die Ferne schweifen, wenn das Gute liegt so nah

Der erfolgreiche Projektentwickler Florian Zweig kennt die Insel des Lichts seit seiner Kindheit und pendelt regelmäßig zwischen Berlin und Palma de Mallorca hin und her. Im Jahr 2005 kaufte er im Zentrum Palmas das beliebte Nachtlokal „Golden Door" und gründete, mit neuem Konzept, die „Grupo Golden Door". Heute gehören zu dem erfolgreichen Unternehmen die Restaurants „Provenzal" und „Sazón", die sich im alten Fischerviertel „La Lonja" im Herzen der Altstadt Palmas direkt gegenüberliegen.

Nach einer aufwendigen Renovierung eröffnete das Sazón im März 2013 in neuem Glanz und mit neuer Karte. Albert van Kooten, der unter anderem als Chef de Maître beim Münchner Käfer im Hofgarten gearbeitet hat, verwandelte das Lokal in ein Schmuckstück: Erdige Töne an den Wänden, dunkles Holz mit roten Kissen für die Bestuhlung, romantisches Kerzenlicht, moderne Kunst sowie alte Lüster geben dem Sazón ein ganz besonderes Flair – Wohlfühlambiente par excellence. Albert van Kooten zelebriert Entertainment-Essen, mit stimmungsvoller Musik à la Buddha Bar, denn „Essen kann man überall, aber: Was man isst und in welcher Atmosphäre – das ist die große Kunst".

Das Angebot ist mediterran-asiatisch. Auf der Karte stehen diverse Wok-Gerichte, eine sehr schmackhafte Variante der landestypischen *tapas*, allerdings mit asiatischen Einflüssen. Empfehlenswert sind auch das *carpaccio vietnamesa* vom Lachs, das *cevice* vom rohen Thunfisch, die *tagliata* vom Angusrind oder der 200 Gramm schwere Sazón-Hamburger mit frischem Ingwer, Lemongrass und Koriander.

Wer Glück hat, kann hier auch Berühmtheiten wie Joe Cocker oder Simply Red treffen – gern gesehene Gäste, die bereits bei Konzerten, die Florian Zweig auf Mallorca veranstaltet hat, aufgetreten sind. Nichts wie hin!

SAZÓN
Albert van Kooten

Carrer Apuntadors, 4
07012 Palma de Mallorca
Telefon 0034 / 9 71 72 08 17
www.grupogoldendoor.com

PROVENZAL
Florian Zweig

Carrer Apuntadors, 3
07012 Palma de Mallorca
Telefon 0034 / 9 71 72 08 17
www.grupogoldendoor.com

MINIMALISTISCHE ELEGANZ

Architektonisches Juwel der Moderne in altem Kloster

Das historische „Convent de la Missió" liegt im alten Stadtkern Palmas, ganz zentral und dennoch sehr ruhig, parallel zu den „Ramblas" und unterhalb der „Plaza Mayor". Das Boutiquehotel ist umgeben von engen Gassen und grünen Innenhöfen, den *patios mallorquines*. Hier lässt sich wunderbar auf den Spuren der Missionare wandeln, die in dem ehemaligen Kloster aus dem 17. Jahrhundert ausgebildet wurden. Bei der Renovierung achtete man besonders auf die optimale Kombination von Licht und Raum, um die Substanz des herrlichen alten Gebäudes - wie Stuckarbeiten und gewölbte Decken - zu bewahren. Den Architekten - und Eigentümern - Rafael Balaguer und Antoni Esteva war es bei ihrem Umbau in ein Hotel besonders wichtig, die Fläche optimal zu nutzen, jedes noch so kleine Detail harmonisch hervorzuheben sowie Ruhe in Architektur und Design zu vermitteln.

Resultat des dreijährigen Umbaus ist eine elegante Mischung aus minimalistischer und traditioneller Architektur. Das avantgardistische Hotel bietet 14 Zimmer, von dem keines dem anderen gleicht, ausgestattet mit modernstem Komfort. Die Sonnenterrasse bietet sich zum Lesen und Faulenzen an, ein Mini-Spa mit Sauna, Jacuzzi und Haman lädt zur Entspannung nach ausgedehnten Shopping- und Sightseeing-Touren an.

Lange schon kein Geheimtipp mehr ist das hervorragende Restaurant "Simply Fosh", das im hinteren Bereich des Hotels beherbergt ist und mit seiner puristischen Einrichtung dem Stil des Hotels entspricht. Dekorative Elemente sind eine Wasserkaskade und viele exotische Pflanzen. In der beeindruckenden Kunstgalerie, die ursprünglich das Refektorium des Klosters war, finden in regelmässigen Abständen interessante Ausstellungen zeitgenössischer Künstler statt. Gezeigt werden unterschiedliche Bereiche wie Fotografie, Keramik, Malerei, Bildhauerei und Installationen, bei denen die Schlichtheit der Gestaltung im Vordergrund ist. Die Galerie kann auch für private Feiern, Empfänge oder Cocktailpartys genutzt werden.

HOTEL CONVENT DE LA MISSIÓ
Direktorin: Carmen Sans

Carrer de la Missió, 7 a
07003 Palma de Mallorca
Telefon: 0034 / 9 71 22 73 47
www.conventdelamissio.com

STILVOLL SPEISEN

Kulinarische Genüsse der Extraklasse

ganz eigenen, unverwechselbaren Interpretation und zu erfreulich akzeptablen Preisen. „Ich wollte weg von der teuren Sterneküche und meinen Gästen eine moderne, schnörkellose Küche bieten, mit klaren Geschmacksvariationen und großartigen Aromen."

Es locken so exotische Kreationen wie „Terrine von Foie gras und Entenconfit mit Quittenpüree und Schokoladensalz", „Bomba Reis" mit geräucherten wilden Pilzen, getrüffeltem Pecorino und Püree von getrockneten Aprikosen", „Hirschrücken mit schwarzer Trüffelkruste, Blumenkohlpüree und Mandarinenöl", „Meerbrasse mit Petersilie, Lakritz und Kartoffel-Sardellenpüree" oder „Vanille-Ziegenmilch Panna Cotta mit grünem Apfel & Staudensellerie Consommé". Guten Appetit!

Man nehme ein wunderschön restauriertes Klostergebäude aus dem 17. Jahrhundert, würze es mit einer zeitgemäßen, minimalistischen Innenausstattung, kredenze ein avantgardistisches Boutiquehotel und dekoriere es, als Tüpfelchen auf dem „i" mit einem exzellenten Restaurant: das nach dem britischen Sternekoch Marc Fosh benannte „Simply Fosh". Das Resultat ist eine gelungene Mischung aus moderner und traditioneller Architektur, in dem sich das Restaurant "Simply Fosh" befindet. Es ist mit seiner puristischen Einrichtung ganz in schwarz-weiß, einer Wasserkaskade, Holzelementen und vielen exotischen Pflanzen schon lange lange kein Geheimtipp mehr! Die ganz in Weiß gehaltene Kunstgalerie im Nebenraum des Restaurants kann für private Feiern, Empfänge oder Cocktailpartys gebucht werden.

Marc Fosh versteht es par excellence, seine Gäste mit einer schier unerschöpflichen kulinarischen Kreativität zu verwöhnen. Gaumenfreuden der ganz besonderen Art, die nicht nur den vielen Stammgästen immer wieder Lust auf mehr machen. Mit viel Liebe zum Detail gelingt es ihm, eine mediterrane Spitzencuisine zu servieren, leicht, mit ihrer

SIMPLY FOSH
Marc Fosh

Carrer de la Missió, 7 a
07003 Palma de Mallorca
Telefon 0034 / 9 71 72 01 14
www.simplyfosh.com
www.marcfosh.com

ITALIENER IN SENSATIONELLER LAGE

Ein neuer angesagter Platz für Gourmet-Insider

An der Spitze moderner italicnischer Küche setzt das italienische Restaurant „Otto Mare" Akzente und erfindet die Geschmäcker und Aromen Italiens in stilvollen Ausprägungen neu. Die Restauranteigentümer und Kosmopoliten Miguel Fernandez und Gabriele Imhoff pflegen eine Leidenschaft für gutes Essen aus frischen, hochwertigen Zutaten, wobei sie der traditionellen italienischen Küche einen Hauch von modernem Flair verleihen. Das Resultat: eine international gefeierte, mediterrane Gastronomie – die auch als unvergleichliche „Otto-Mare-Erfahrung" bezeichnet wird. Es heißt, dass ein „Otto-Mare-Menü" so stylisch sei wie die modebewusste Stammkundschaft.

Und diese Lage! Sie ist einzigartig, am kleinen Hafenbecken Dársena de Can Barbará am Paseo Marítimo in Palma. Auf der spektakulären Terrasse sitzt der Gast abseits vom Verkehrslärm direkt vor den kleinen Fischerbooten und wird von der Sonne, blauem Himmel und einem aufmerksamen Service verwöhnt. Zur Auswahl stehen ein bemerkenswertes Angebot von mediterraner Antipasta, italienischer Pasta und Pizza, ausgezeichneten Salaten, frischem Fisch und vorzüglichen, hochgelobten Fleischgerichten. Dabei erwartet den Gast jeden Sonntag ein großer Fisch-Barbecue als die besondere Art eines „all you can eat"- Sonntagsbrunchs – mit einer großen Auswahl verschiedenster Fischsorten. Auch die Weinkarte bietet Hochinteressantes, von lokal bis international. Entspannt und hervorragend genießen lässt es sich aber auch im einladenden Inneren mit weißer Bar und rustikalen Sandsteinmauern. Das „Otto Mare" ist schlichtweg eine Location, die zunehmend an lokalem und internationalem Zuspruch gewinnt und es verwundert nicht, dass sich dieses Restaurant auf geradem Wege zu einem der populärsten und beliebtesten „Italiener" der Insel gemausert hat.

OTTO MARE
Miguel Fernandez & Gabriele Imhoff

Dársena de Can Barbará
07015 Palma de Mallorca
Telefon 00 34 / 9 71 40 23 12
www.ottorestaurante.com

SIND SIE SALAR?

Werden Sie Spezialisten in der Zubereitung von perfektem Kaffee

Das Symbol der „Café Salar Coffee Company" sind zwei schlanke Palmen, das elegante Design ist Schwarz, Rot, Gold und Weiß. Wird die schwarze Bohne doch in diesen Sorten angeboten: Rot, Gold, Weiß. Der rote Salar besteht zu 100 Prozent aus feinen Hochland-Arabica-Bohnen aus Kolumbien, Brasilien, Guatemala und Honduras, ein kräftiger Kaffee mit zarten Nuancen von Mandeln und dunkler Schokolade. Der goldene Salar bietet eben diese Arabica-Bohnen, dazu noch 20 Prozent Indian-Cherry-Robusta-Bohnen von allerhöchster Qualität. Gold ist der Verkaufsschlager, er schmeichelt dem Gaumen mit einer zarten Karamellnote und einem Hauch von schwarzer Kirsche. Die weiße Edition ist wie die goldene, aber koffeinfrei.

Der hocharomatische Kaffee wird ausschließlich von Regenwald-zertifizierten Plantagen mit „Rain Forest Alliance"-Gütesiegel fair gehandelt. Er wird in Barcelona geröstet, bevor er von Mallorca aus den Weg in die besten Restaurants, Cafés, Coffee-Shops und Gourmetgeschäfte findet und zu einer wachsenden Gemeinde privater Genießer weltweit. „Unser Kaffee bietet einen relativ geringen Koffeingehalt, ein Merkmal, das besonders hochwertigen Kaffee charakterisiert", erklärt der junge Enrique Salar, dessen Familie sich seit zwei Generationen dem Kaffeegeschäft widmet. Enrique hauchte dem streng traditionellen Geschäft seines Vaters den modernen Touch stilvollen Kaffeetrinkens ein und sorgt für einen Expansionskurs.

Wie Enrique schätzt auch seine Geschäftspartnerin Karen Bragagnolo, Kanadierin mit italienischen Wurzeln, die Liebe zum Detail. Von der Verpackung über die Kaffeetasse bis zum Design von Rennwagen mit dem firmeneigenen Label, der „Café Salar" ist ein Lifestyle-Produkt und Ausdruck von Lebensgenuss. Die Kunst der Kaffeezubereitung vermitteln die beiden Spezialisten in speziellen Kursen und privatem Training, Auszeichnung inklusive.

CAFÉ SALAR
Mallorca Coffee Company
Enrique Salar & Karen Bragagnolo

Carrer Tomas y Villa, 2
07014 Palma de Mallorca
Telefon 00 34 / 9 71 49 51 51
www.cafesalar.com

Sweet Mallorca

Eine Insel der Süßschnäbel

Fans von Süßem sind auf Mallorca im Schlemmerland. Außer dem auf der Insel gerne und reichlich verwendeten Zucker ist die süße mallorquinische Mandel eine gute und gesunde Basis für zahlreiche Desserts und Süßspeisen. Dabei ist die Spezialität *turró* nur eine der bekanntesten, vielfältigsten und wahrlich süßen Mandelleckereien. Auch der klassische Insel-Kuchen *gató d'ametlla* basiert auf Mandelmehl und wird gerne mit einer Kugel Mandeleis serviert (in früheren Zeiten wurde hierfür gefrorenes Eis aus dem Tramuntana-Gebirge geholt). Ein beliebtes Gewürz zur Mandel ist Zimt und etwas Zitrone beziehungsweise Zitronenschale. Das sind auch die Zutaten für den „königlichen Teig *pasta reial* des Marzipans, ein Erbe aus maurischen Zeiten, dessen Rezept lange Zeit ein Geheimnis der Nonnen war. Auch das Sommergetränk, die eisgekühlte Mandelmilch *orxata d'ametlla,* basiert auf dieser köstlichen Kombination.

Die mallorquinische Gebäckauswahl ist groß: Probieren sollte man die Konfitüre-Täschchen *robiols*, das Mürbegebäck *crespells,* die Bisquitschnitten *quartos* oder die wegen ihrer Form *mostatxons* genannten „Schnurrbart-Küchlein", nur um einige wenige Beispiele zu nennen. Und natürlich die *ensaïmada*, die typisch wie kaum etwas anderes ist: eine schmalzgebackene Schnecke aus feinstem Weizenmehl, mit Puderzucker bestreut. Sie ist nur echt, wenn sie im Fett vom schwarzen Schwein gebacken wurde. Hin und wieder wird sie mit dem „Engelshaar", der Kürbiskonfitüre *cabell d'àngel*, gefüllt oder – was zunächst etwas gewöhnungsbedürftig erscheint – mit kleinen Stücken *sobrassada*-Wurst (das süße Paprika-Gewürz in der Wurst macht es möglich) oder in Zucker eingemachtem Kürbis *carabassat* und kandierten Frucht-stückchen belegt. Die flachen Schachteln in verschiedenen Größen für die runde *ensaïmada* gehören zur Insel wie das deftig-zarte Gebäck selbst.

Sehr süß sind auch die in Spanien allgegenwärtigen *churros*: eine Art längliche, in Fett gebackene Krapfen. Sie werden in dickflüssige Schokolade getunkt (übrigens ein sehr beliebtes Getränk im Winter) oder einfach nur mit Zucker bestreut genossen. Genau wie die bunyols – süße frittierte Teigkugeln – werden *churros* gerne auf Märkten angeboten.

Etwas gesünder sind da wohl das Feigenbrot *pa de figues* oder die getrockneten, natürlich süßen Aprikosen *albercocs secs*. Auch der mallorquinische Honig *mel*, der nach Orangenblüten oder Wiesenblumen schmeckt und nach Rosmarin oder Pinien duftet. Eine gesunde, kostbare Schleckerei, sagt doch eine mallorquinische Redensart: „Wer kein Geld in der Tasche hat, muss Honig im Mund haben."

BEEINDRUCKENDES FLAIR

Stimmungsvolles Speisen mit Blick auf elegante Luxusjachten

Das „Ritzi" ist eine Institution, wenn es um hervorragende mediterran-internationale Küche geht. Die sympathischen Brüder Antonio und Salvatore Longobardi sind Gastronomen aus Leidenschaft und seit Langem sehr erfolgreich: Antonio als Managing Director und Salvatore als Restaurantleiter. Zusammen mit ihrem vielsprachigen Team und Chefkoch Sven Grabolle beglücken sie ihre Gäste mit einem ganz persönlichen Service und mediterran-internationalen Leckerbissen. Der Chef ist vielen bekannt aus der Hamburger Szene, wo er im „Landhaus Scherrer", im „Wollenberg" oder im „Marinas" internationale Leckerbissen kredenzte. Das „Ritzi" besticht nicht nur durch seine hervorragende Küche, sondern auch durch seine äußerst prominente Lage, im Zentrum des mondänen Luxushafens Puerto Portals: Die Gäste sitzen immer in der ersten Reihe! Vor ihren Augen flanieren der internationale Jet-Set, Trendsetter, die Schönen und die Reichen.

Zu den internationalen Stammgästen gehören bekannte Sportler und Persönlichkeiten aus Wirtschaft, Politik und Medien. Ein Restaurant mit Wohlfühlcharakter, im Sommer wie im Winter, da ganzjährig mittags und abends geöffnet. Seit Mai 2013 erstrahlt das „Ritzi" in neuem Glanz: Die Terrasse wurde filigran überdacht, um vor den stechenden Sonnenstrahlen zu schützen, edle Hölzer für den Bodenbelag verwendet, der im Winter beheizt wird. Auf der monatlich wechselnden Jahreszeitenkarte locken „Gegrillter Provolone mit Peperoncino-Konfit und Ibericoschinken", hausgemachte Pasta, mit Trüffeln, Fisch oder Steinpilzen gefüllte Ravioli, „Lasagne vom Foie Gras mit gebratenem Brioche", „Safranrisotto mit Lammkotelett", „Gambas vom Grill mit Spinatsalat" und als Dessert die wunderbare Apfeltarte. Auf der gut sortierten Weinkarte kann man zwischen italienischen, spanischen und mallorquinischen Tropfen wählen. Wer dann noch einen Cocktail mit *Swinging Rhythms* genießen will, kann das einen Stock höher in der bekannten „Ritzi Lounge".

RITZI
Antonio & Salvatore Langobardi

Local 34-35,
07181 Port Portals
Telefon 0034 / 9 71 68 41 04
ritzirestaurant@hotmail.com
www.ritzi-portals.com

STERNGEKRÖNTE GENÜSSE

Essen und Trinken auf höchstem Niveau

Es ist immer wieder ein Hochgenuss, sich einen Abend lang von Sternekoch Thomas Kahl und seinem Team verwöhnen zu lassen. Er wurde 1975 im österreichischen Gmünd geboren, ein Naturkind, das mit 14 Jahren seine Leidenschaft fürs Kochen entdeckte. Im zarten Alter von 16 Jahren begann er mit seiner Ausbildung. Seine Lehr- und Wanderjahre führten ihn in das mit zwei Sternen ausgezeichnete Münchner Restaurant „Tantris" und nach New York, wo er als Sous-Chef im „Restaurant Danube" und als Leiter für die Verpflegung der Hilfskräfte im Ground Zero nach dem Anschlag auf das World Trade Center zuständig war. In Paris machte er Halt bei einem der bekanntesten französischen Köche, Pierre Gangnaire. Von 2005 bis 2008 leitete er Johann Lafers „Restaurant Le Val d'Or" und war darüber hinaus auch für Bankette und große Veranstaltungen in der „Stromburg" verantwortlich. Der begnadete Chef nahm an diversen „Großen Gourmetpreisen" teil und wird immer wieder von international renommierten Restaurants als Gastkoch eingeladen.

Seit Januar 2009 ist Thomas Kahl Executive Chef für die Restaurants „Es Fum" und „Aqua", die beide zum Luxushotel „St. Regis Mardavall Mallorca Resort" gehören. 2011 wurde das „Restaurant Es Fum "erstmals mit dem begehrten Michelin-Stern ausgezeichnet. Aber keine Angst vor sterngekrönten Hotelrestaurants: Ein Abend im „Es Fum" ist ein erschwingliches Muss für alle, die Spaß an hervorragendem Es-

sen haben. Die Menüs aus sechs, acht oder zehn Gängen versprechen Gaumenfreuden der besonderen Art, mit einer exzellenten, auf das Menü abgestimmten Weinauswahl.

Es locken Namen wie „Hummer auf Couscous-Salat mit Tomatenkompott und Basilikum" oder „Bretonischer Steinbutt in Sellerie-Petersilienfond mit getrüffeltem Ravioli". Alle marktfrischen Zutaten werden par excellence bis ins kleinste Detail inszeniert. Thomas Kahl beherrscht die Kunst zu überraschen bis zum Tüpfelchen auf dem „i", denn auf seiner kulinarischen Reise gibt es immer wieder nie gekannte Geschmacksexplosionen. Einfach göttlich.

ES FUM
Thomas Kahl

St. Regis Mardavall Mallorca Resort
Passeig Calvià, s/n
07181 Costa d'en Blanes
Telefon 00 34 / 9 71 629 629
www.restaurant-esfum.com

VON ALLEM NUR DAS BESTE

Gemütlich essen und trinken wie bei Muttern

Seit 14 Jahren verwöhnt Oldus Weisser seine Gäste auf Mallorca, von denen schon einige in seinem Restaurant in Hannover zu seinen Stammgästen zählten. Wer zu Oldus kommt, kommt immer wieder. Gemütlich essen und sich verwöhnen lassen, wie bei Muttern! Liebevoll dekoriert und eingerichtet, in mediterranem Stil, mit wundervollem Meerblick über die Bucht von Palma. Dem Namen des Hausherrn zur Ehre thronen auf der großen Bar immer weiße Blumen, der Jahreszeit entsprechend.

Das „Pinos" ist ganzjährig und täglich ab 13 Uhr geöffnet: Im Sommer lädt die Terrasse zu lauen Abenden und kulinarischen Genüssen ein, im Winter vermitteln Kerzenlicht und prasselndes Kaminfeuer das so typische Wohlfühlambiente für romantische Stunden zu zweit, gemütliches Beisammensein im Freundeskreis, Familienfeiern oder ein Dankeschön an Mitarbeiter. Oldus weiß, was seine Gäste wünschen. Die Karte ist international, mit deutschen, mediterranen und asiatischen Spezialitäten. Besonders beliebt: die Vorspeisenvariation, die sich aus italienischen und spanischen Leckereien zusammensetzt oder der Sonntags-Brunch in den Wintermonaten. Kultcharakter haben Martinsgans, Wiener Schnitzel mit Röstkartoffeln oder die monatlich stattfindende "Lobster Night", in der jeder Gast so viele Langusten essen darf, wie er schafft! Oldus kredenzt auch Hausmannskost par

excellence, aus deutschen Landen, frisch auf den Tisch! Sogar Grünkohl mit Pinkel oder einen nahrhaften Linseneintopf.

Alles auch gerne für zu Hause – seine Caterings sind in aller Munde. Der Koch aus Leidenschaft zelebriert es regelrecht, wie eine auf den Punkt gebrachte Sauce angesetzt wird: reduzieren und noch Mal reduzieren. Seine oberste Maxime ist die „echte" Küche, so, wie es die traditionelle und hohe Kunst des Kochens vorschreibt – „ohne modernen Firlefanz".

PINOS
Oldus Weisser

Carrer dels Hams, 1
07183 Sol de Mallorca
Telefon 0034 / 9 71 13 30 93
www.restaurante-pinos.com

CHARMANT ANDERS

Herrlich entspannen in landestypischem Ambiente

Christiane Zube hat sich einen langgehegten Kindheitstraum erfüllt: ein eigenes Fincahotel, das sie zusammen mit ihrem Partner Norbert Amthor seit März 2012 betreibt. „Can Estades" liegt nur wenige Minuten von Calvià entfernt, in dem es viele gute Restaurants und das so typisch mallorquinische Flair gibt. Ideal zum Wandern, Radfahren und Seele-baumeln-lassen. Palma de Mallorca liegt circa 20 Minuten entfernt, fünf Golfplätze, das Meer, viele Strände und drei Jachthäfen sind in nur 10 Minuten zu erreichen.

Das ehemalige Landgut aus dem 16. Jahrhundert wurde mit viel Liebe zum Detail zu dem umgebaut, was es heute ist: ein Kleinod mit Wohlfühlambiente, in dem der traditionelle Stil des Hauses mit zeitgemäßem Komfort eine wundervolle Symbiose eingegangen ist. Geboten werden 13 Zimmer mit insgesamt 25 Betten, wunderschön möbliert, mit großzügigen Bädern, Satelliten-TV, W-LAN und allen Bequemlichkeiten, die sich der ruhesuchende Urlauber wünscht. Für Selbstversorger gibt es zwei Appartements und zwei Studios, mit je einer Küchenzeile, und zum Teil einer eigenen Terrasse oder Balkon ausgestattet. Can Estades liegt inmitten eines 2,5 Hektar großen Grundstückes, mit inseltypischer Vegetation, Oliven- und Mandelbäumen – entspannende Rückzugsmöglichkeiten gibt es viele! Der große Pool sorgt nicht nur nach einem ausgedehnten Ausflug für erfrischende Abkühlung, die Terrasse lädt ganzjährig zum ausgiebigen Frühstücken und Schmökern ein.

Das sympathische Paar liebt es, seine Gäste mit einem leckeren Frühstück und selbstgemachten Kuchen zu verwöhnen. Bed & Breakfast par excellence, mit dem gewissen Etwas, das die frühere Qualitätsmanagerin und der langjährige Inhaber einer Münchner Eventagentur bis ins noch so kleine Detail beherrschen. Ideal für Mitarbeiter-Incentives, Feiern aller Art, Konzerte und Seminare: die ehemalige Tenne, die zur Veranstaltungshalle umfunktioniert wurde!

FINCAHOTEL CAN ESTADES
Christiane Zube & Norbert Amthor

Camí de Son Pillo, 15
07184 Calvià
Telefon 0034 / 9 71 67 05 58
www.can-estades.com

ITALIENISCHE DELIKATESSEN VOM FEINSTEN

Ein Eldorado für alle, die „Essen wie bei Mamma" lieben

„Feinkost Farnetani" lässt die Herzen aller Fans der italienischen Küche höher schlagen: Der italienische Feinkostladen bietet mehr als dreissig Sorten an Pasta & Co., beste italienische Olivenöle, jahrzehntelang in Holzfässern gereiften Balsamico, delikaten Pesto, köstliche Saucen für Bruschetta und Steinpilze, Konfitüren von Veronique Witzigmann, Weine und Spirituosen. Alles nur vom Feinsten.

Herrlich: die reiche Auswahl an weißem und schwarzem Trüffel aus dem Piemont, der Toskana oder Umbrien, Trüffelbutter, Trüffelcreme, Trüffelpasta, Trüffelöl oder Trüffelhonig, der köstlich zu frischem Parmigiano schmeckt. Um den Geschmack von *bella Italia* noch besser einzufangen, bieten sich die Gourmetsalze Sardegna an, die aus der sardinischen Salzblume gewonnen und mit Orangen, Oliven, Myrte, Pfeffer oder sardinischen Kräutern kombiniert werden. Hervorragend sind die Bioprodukte der toskanischen Feinkostfirma „La Selva", die verschiedene Tomatensaucen oder Gewürzblütencremes im Sortiment hat.

Liebhaber des italienischen Weins sind hier wie im siebten Himmel, denn: Bei „Feinkost Farnetani" finden sie eine Auswahl der besten Kellereien Italiens, von Sizilien bis Piemont. Das Prosecco-Angebot ist hervorragend, Liebhaber von Grappa können aus mehr als dreissig Sorten wählen.

Wer nicht selbst kochen möchte, schwelgt in hausgemachter Pasta, leckeren Antipasti, frischem Parmesan, Mortadella, echtem Büffelmozzarella und anderen Köstlichkeiten – alles frisch zubereitet und zum Mitnehmen. Der echte italienische Espresso des „Caffé Vergnano" wird jedem Gast von Inhaber Walter Sacchetti als Willkommensgruß kredenzt. Er ist ein Meister italienischer Kochkunst, der seine Gäste mit italienischen Gaumenfreuden auf privaten Feiern – bis zu 20 Personen – verwöhnt. Buon appetito!

FEINKOST FARNETANI
Wine & more
Walter Sacchetti

Carrer Alicante, 13
07180 Santa Ponça
(Pol. Ind. Son Bugadelles)
Telefon 00 34 / 9 71 69 93 02

IN FARBEN SCHWELGEN

Wundervolle Symbiose aus kulinarischem Genuss und Kunst

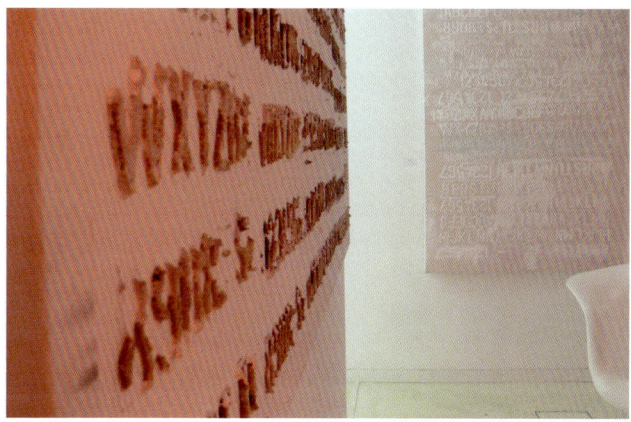

Die temperamentvolle Künstlerin Bettina Nuschei wurde im österreichischen Graz geboren. Studienjahre in Rom, Paris, New York waren der Anfang ihrer künstlerischen Laufbahn, der Ausgangspunkt für ein globales Leben und Schaffen. Von 1980 bis 1981 arbeitete sie, zusammen mit Andy Warhol, an der „Produktion von Kunst" mit. Mit dem weltberühmten Hauptvertreter der Pop-Art verband sie eine intensive Freundschaft, die auch die Entwicklung ihrer eigenen künstlerischen Sprache beeinflusste.

Bettina Nuschei´s Arbeiten bestechen durch Farbspiele, Transparenz und Leichtigkeit, sie vermitteln Dynamik, Rhythmik, Kraft und raumfüllende Energie. Die Sammler ihrer Werke sind überzeugt davon, dass ihre Bilder sie glücklich machen und eine fröhliche Stimmung verbreiten – ideal, um in den eigenen vier Wänden die Seele baumeln zu lassen.

Auf Mallorca entwickelte Bettina Nuschei sehr erfolgreich ihr Projekt „Raumkonzepte", eine Kombination aus Kunst im Raum und Schaffen von individuellen Wohnwelten. „Ich arbeite sehr gerne bereits bei der Planung mit meinen Kunden zusammen, so lassen sich Hotels, Restaurants, Büros oder Wohnräume von Beginn an als ästhetisches Gesamtkunstwerk planen und eine musische, inspirierende Atmosphäre schaffen", so die sympathische Künstlerin. „Wenn meine Bilder hängen, dann hat der Raum eine Seele und atmet."

Durch die optimale Platzierung ihrer Bilder ergeben sich neue Dimensionen im Raum, verändert sich das Raumgefühl, werden ganzheitliche, plastische Wohnwelten geschaffen. Daher kommen viele Restaurantgäste nicht nur wegen der Kulinarik immer wieder, sondern auch des Ambientes wegen. Es schmeckt eben gleich viel besser, wenn uns dank der Wohnwelten im Restaurant oder Hotel wie zu Hause fühlen!

BETTINA NUSCHEI
Raum- und Restaurantkonzepte

Kontakt München
Telefon: 0049 / 89 38 66 69 75
Mobil: 0049 / 176 5176 1838
artbettinanuschei@googlemail.com
www.bettinanuschei.com

Kontakt Mallorca
Telefon: 0034 / 9 71 234 837
Mobil: 0034 / 6 47 46 03 22

Sprachenvielfalt auf Mallorca

Auf Mallorca werden zwei Sprachen gesprochen: Spanisch, "Castellano", und ein Dialekt des Katalanischen, "Mallorquín" beziehungsweise "Mallorquí".

Die Mallorquiner sprechen mit Festlandspaniern und Ausländern Spanisch, untereinander und vor allem in den Familien aber meist in ihrem mallorquinischen Dialekt, der unter dem letzten faschistischen Diktator Europas, General Francisco Franco, bis zu seinem Tod im Jahr 1975, verboten war. Seit 1983 ist das Katalanische neben dem Spanischen wieder gleichberechtigte Amtssprache, die das öffentliche Leben bestimmt und Pflichtfach beziehungsweise Unterrichtssprache in den Schulen ist.

Catalán weist Einflüsse des Französischen, Italienischen und Arabischen auf und ist, entgegen der landläufigen Meinung, kein Dialekt des Spanischen, sondern eine eigene Sprache. *Mallorquín* ist ein nur auf Mallorca gesprochener Dialekt des Katalanischen. Daher sind Straßen, Verkehrsschilder und Orte oftmals mit der offiziellen katalanischen Bezeichnung versehen. Im Idealfall sind sie auch zweisprachig, das heisst auf Spanisch und auf Katalanisch. Um Verwirrungen zu vermeiden, haben wir die Straßenbezeichnungen in unserem Buch einheitlich auf *Catalán* veröffentlicht.

Straße, *Carrer*, heißt auf Spanisch *Calle*, Allee *Avinguda* oder *Avenida* und der Platz, *Plaça*, entspricht der *Plaza*. Der Hafen, *Port*, ist der spanische *Puerto*, die Höhlen *Coves* heißen auf Spanisch *Cuevas*. *Platja* beziehungsweise *Playa* steht für Strand, *Badia*, *Cala* oder *Bahía* für Bucht. Danke heißt *Gràcies* oder *Gracias*, bitte *Si us plau* oder *Por favor*. In ganz Spanien teilt man den Gruß über den Tag verteilt ein. So heißt es auf Mallorca bis mittags *Buenos días* oder *Bon día*, vom Mittag bis zum Abend *Buenas tardes* oder *Bones tardes* und abends *Buenas noches* beziehungsweise *Bona nit*. Auf Wiedersehen heißt *Adiós* oder *Adéu*, nur hallo ist in beiden Sprachen *Hola*, wobei das "h" verschluckt wird, also "ola" ausgesprochen.

Aber keine Angst – in den touristischen Zentren spricht und versteht man bestens Deutsch und Englisch, da man die große Zahl der Besucher aus diesen Ländern in deren Muttersprache bedienen möchte. Die sprichwörtliche mallorquinische Gastfreundschaft, wie sie leibt und lebt. Wer auf Mallorca Urlaub macht oder sogar heimisch werden möchte, sollte Spanisch lernen – aber auch ein paar Brocken Mallorquín, um vor allem auf den Märkten, bei alltäglichen Dingen und Behördengängen der Tradition und Kultur der Mallorquiner Tribut zu zollen. Denn auf diese sind sie – mit Recht – sehr stolz.

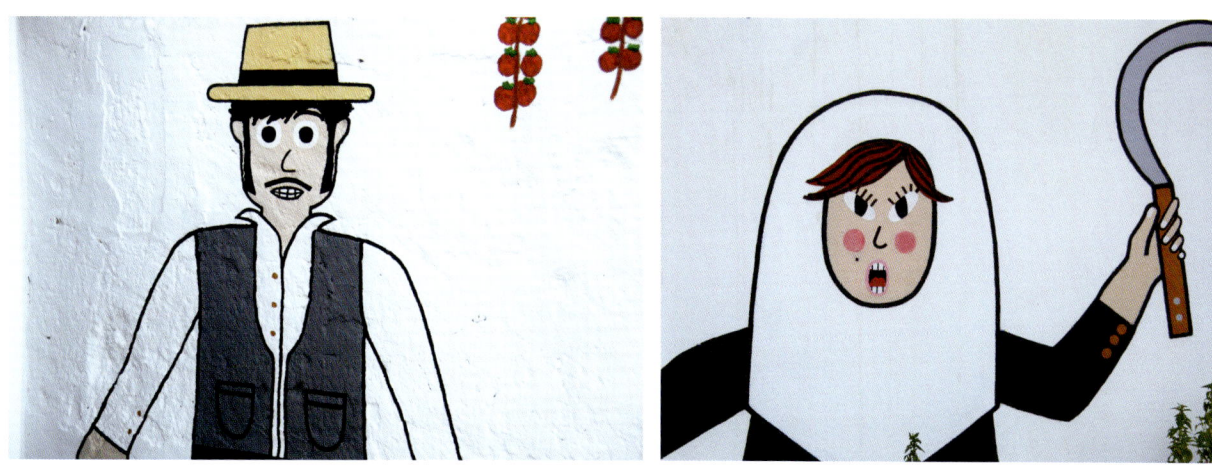

GOURMET COUSINE

Essen mit Stil in restaurierter Finca

Das „El Patio" in Puerto de Andratx besticht nicht nur durch seine kulinarischen Genüsse – es bezaubert auch durch sein typisch mallorquinisches Flair, das mit dekorativen Elementen und frischen Blumen harmonisch in Szene gesetzt wird. Geboten werden ein romantischer Innenhof, der *patio*, eine Outdoor-Lounge sowie das Restaurant im Innenbereich der stilvoll renovierten Finca.

Die erfolgreichen drei: Jens Krumbiegel, Emmerich Reutter und Manuela Aichinger verwöhnen ihre Gäste bis ins kleinste Detail. Kredenzt werden Gaumenfreuden der besonderen Art, die man nicht so schnell vergisst, denn „unsere Gäste sollen sich noch lange und gerne an die schönen Stunden bei uns erinnern". Erlebnisessen der Extraklasse, das das Niveau des beliebten Vorgänger-Restaurants „Jens" in Camp de Mar noch um Klassen übertrifft.

Die Weinempfehlungen von Manuela Aichinger runden das Geschmackserlebnis *a la perfección* ab. Das Angebot umfasst mehr als 200 Rot- und Weißweine – die besten aus Mallorca, vom spanischen

Festland, aus Italien, Frankreich, Argentinien, Südafrika, Australien und sogar Neuseeland. Hervorragend! Das milde Tiana-Negre-Öl wird mit frischen Kräutern verfeinert, das Brot selbst gebacken, für Lebensmittelallergiker wird individuell nach Wunsch gekocht.

Die Vorzeigegastronomen experimentieren bei ihrer überaus kreativen Jahreszeitenküche mit Temperaturen und Texturen, um ein noch nachhaltigeres Geschmackserlebnis zu erzielen. Es gibt drei, vier, fünf oder sechs Gänge, selbstverständlich kann man auch à la carte speisen. Hier findet man so lukullische Genüsse wie das „Tapas-Meter mit zehn verschiedenen Vorspeisen", „Karamelisierter Bonito mit grünem Spargel und Zitronenmarmelade", „Bäckchen vom Iberico-Schwein mit Kohlrabi und Reibekuchen" oder „Gebackene Bananenwürfel mit gebrannten Erdnüssen und Schokoladeneis". Besonders beliebt ist der sonntägliche Walking Lunch mit Live-Musik, den man unbedingt erleben sollte!

EL PATIO
Manuela Aichinger, Jens Krumbiegel
& Emmerich Reutter

Carretera des Port 26
07157 Port d'Andratx
Telefon 0034 / 9 71 67 17 03
www.restaurante-elpatio.com

CANDLELIGHT-ATMOSPHÄRE

Erlesene Gaumenfreuden aus drei Ländern

Es war im Jahr 2008 als sich Jenny Terler und Domenico Curcio kennen und lieben lernten. Zwei, die sich gesucht und gefunden haben. Der Deutsch-Italiener Domenico arbeitete bei Sternekoch Fritz Schilling (Feinkost Käfer in München), bei Sternekoch Alexander Hermann (unter anderem „Lanz kocht" und „Küchenschlacht") sowie als Chef de Cuisine im „Ritzi" in Puerto Portals. Die immer strahlende Jenny stammt aus einer traditionsreichen Gastronomenfamilie und sollte eigentlich den elterlichen Betrieb im österreichischen Brandnerthal übernehmen. Als sie ihren jetzigen Ehemann Domenico traf, war schnell klar, dass sie sich zusammen ihren gemeinsamen Lebenstraum erfüllen wollten: ein Restaurant auf Mallorca.

Aus dem Traum wurde eine äußerst schmackhafte Realität: Seit 2011 verwöhnt das junge Paar seine Gäste mit erlesenen Spezialitäten aus aller Welt. In Restaurant, *patio* und Bar umgibt den Gast kuschelige Candle-Light-Atmosphäre, immer mit einem Meer von frischen Blumen dekoriert. Ein absolutes Wohlfühlambiente. Wenn im Sommer dann auch noch die *dama de noche* ihren betörenden Duft im *patio*

verströmt, ist hier der ideale Ort für ein romantisches *Tête-à-tête* oder eine nette Runde mit Freunden! „Wir leben Gastronomie", so das überzeugte Credo der beiden „Trespaiser", die genau wissen, wie sie ihre Gäste beglücken können!

Auf der Speisekarte stehen Köstlichkeiten wie „Gratinierte Avocado mit Spinat gefüllt auf Lachscarpaccio und Limonenmarinade", „Mit Nüssen gebackene Ziegenfrischkäsepraline auf Pflaumencreme und Blattsalat", „Ravioli gefüllt mit Ricotta und Trüffel und Parmesanschaum", „Filet vom Steinbutt auf Erbsenmoussline" oder „Kalbsbäckchen mit geschmorten Balsamico-Zwiebeln und Kartoffelgratin". Und natürlich himmlische Desserts – nichts wie hin!

TRESPAIS
Jenny Terler & Domenico Curcio

Carrer Antonio Callafat, 24
07157 Port d'Andratx
Telefon 0034 / 9 71 67 28 14
info@trespais-mallorca.com
www.trespais-mallorca.com

MEERESRAUSCHEN INKLUSIVE

Traditionelle spanische Küche mit dem gewissen Etwas

Stellen Sie sich vor, Sie sitzen entspannt direkt am Meer und stoßen mit einem gut temperierten Macià Batle Blanc de Blanc auf das unbeschwerte Leben auf Mallorca an. Dann sind Sie im „Restaurante Layn" genau richtig, ein alteingesessener Familienbetrieb unter Leitung der Familie Bestard Porcel. Es ist eines der traditionsreichsten Restaurants von Port d'Andratx und besticht nicht nur durch seine hervorragende Lage direkt über dem Meer, das hier zum Greifen nah ist. Das wohltuende Plätschern, wenn die Wellen auf das Ufer treffen, lässt alle Alltagssorgen vergessen und einfach nur glücklich sein. Wenn es einmal bläst und stürmt, lädt die wunderschön restaurierte Villa auf der anderen Straßenseite zum Verweilen ein.

Die Speisekarte variiert je nach Jahreszeit und Angebot des Marktes. Der fangfrische Fisch wird täglich auf dem Fischmarkt des Hafens gekauft, das Fleisch kommt von einem Züchter aus der Nachbarschaft, der auf besonders gute Qualität achtet. Liebhaber der neuen spanischen Küche sind hier genau richtig! Serviert werden die kleinen grünen Paprikas *pimientos del padrón*, frittierte Mini-Tintenfische *chipirones*, Garnelen in Öl und Knoblauch *gambas al ajillo* und natürlich die kalte Gemüsesuppe *gazpacho*. Beliebte Spezialitäten des Hauses sind saftige Paellas – gemischte aus Fleisch und Fisch, nur mit Gemüse, mit Fisch und Meeresfrüchten, mit Hummer oder sogar Languste. Als

Delikatesse gelten Goldbrasse *dorada* oder Wolfsbarsch *lubina* im Salzteig und die gegrillten Riesengarnelen. Der Hummer des hauseigenen Aquariums, auf eine ganz eigene Art mit Spiegeleiern und Pommes kredenzt, ist ein Gaumenschmaus der Extraklasse!

Für Fleischliebhaber stehen Spanferkel, Lammkarree und Ente à l'Orange auf der Karte. Bei den Desserts locken hausgemachtes Eis mit Mandel, Vanille-, und Tiramisu-Geschmack, Mango-Sorbet, Joghurteis mit frischen Früchten oder der herrliche Schokoladenkuchen. Einfach wunderbar!

LAYN
Antonia Bestard Porcel

Avinguda Almirall Riera Alemany, 20
07157 Port d'Andratx
Telefon 00 34 / 9 71 67 18 55
www.layn.net

BELLA ITALIA AUF MALLORCA

Romantische Atmosphäre mit Blick auf sich wiegende Boote

In dem Feinschmeckertreff „Restaurante Media Luna", das vom Napoletaner Denis Ascione geführt wird, speisen mehr als 80 Prozent Stammgäste. Das will was heißen, Reservierung dringend empfohlen! Denis und Geschäftspartner Walter Sacchetti waren schon in der Münchner Gastro-Szene ein Team, mit ihren Namen verbindet man Italien wie es leibt und lebt – seit nunmehr zwölf Jahren auch auf Mallorca. Die Lage des Edel-Italieners besticht durch einen wundervollen Blick auf den malerischen Naturhafen von Port d'Andratx, ideal für einen romantischen Abend zu zweit, im Kreis von Freunden und Familie.

Im Sommer werden die großen Panoramafenster für eine laue Mittelmeerbrise geöffnet, im Winter versprechen Fußbodenheizung und prasselndes Kaminfeuer angenehme Wärme. Koch Matteo versteht es *á la italiana*, die hausgemachte Pasta mit erstklassigen Zutaten zu verfeinern, die direkt von Feinkost Farnetani geliefert werden. Besonders beliebt sind alle Variationen mit weißem und schwarzem Trüffel, fangfrische Fische, zartestes Rinderfilet oder Köstlichkeiten aus schwarzen iberischen Schweinen. Die immer aktuelle Tageskarte orientiert sich an dem, was die Insel gerade an frischen Produkten zu bieten hat.

Denis versteht es mit Nonchalance, jedem Gast – in fünf Sprachen

– sein ganz persönliches Menü zusammenzustellen, beginnend mit einem Nudelgang, dem Fisch oder Fleisch folgen und einem Dessert als krönendem Abschluss. Besonders beliebt sind die köstlichen Antipasti, eine echte „Trüffelpasta", das „Milchlamm mit Gemüsen der Saison" und so himmlische italienische Desserts wie *Tiramisù* oder *Panna Cotta*. Selbstverständlich wird eine hervorragende Weinauswahl bester italienischer Weine geboten. Champagner-Liebhaber freuen sich über den Armand de Brignac und den Ruinart, die eher selten auf der Insel zu finden sind. Viva Italia!

MEDIA LUNA
Cucina italiana
Denis Ascione

Avinguda Gabriel Roca, 24
07157 Port d'Andratx
Telefon 00 34 / 971 67 27 16
www.restaurantemedialuna.com

Mallorca wie es leibt und lebt!

Wunderbare Orte, die Sie sich nicht entgehen lassen sollten!

Auf Mallorca gibt es eine Vielzahl an eher kleinen, aber feinen und absolut sehenswerten Weingütern, Herstellern und Anbietern von hervorragenden Ölen, Mandelprodukten, aromatisierten Salzen, typischen Delikatessen und farbenfrohen Märkten. Es lohnt sich, die Insel des Lichts zu erkunden und eine kleine Erinnerung mit nach Hause zu nehmen.

Die Gastronomen, Winzer und Inhaber von Delikatessengeschäften, die wir in diesem Buch portraitieren, haben sich Ge-

danken gemacht und geben Ihnen auf den folgenden Seiten ihre ganz persönliche Empfehlung mit auf den Weg.

Viel Spass beim Lesen – und Entdecken dieser Geheimtipps, die sicherlich in keinem Reiseführer stehen.

Leonor & Josef Sauerschell
Restaurante Es Racó des Teix

„Unser Favorit ist der Rotwein Ses Marjades 2007 von der *Bodega Es Verger* in Esporles. Er wird zu 100 Prozent aus der mallorquinischen Traubensorte Mantonegro gewonnen und reift zwölf Monate lang in einem französischen Barrique-Fass. Dieser Wein hat eine besonders elegante Note und einen langen Nachgeschmack. Für Weinproben muss unbedingt vorab ein Termin vereinbart werden."

Bodega Es Verger - Esporles
Tel. 00 34 / 9 71 61 92 20
www.esverger.es

Marcel & Yvonne Battenberg
Restaurante Es Passeig

„Hervorragendes Fleisch bekommt man bei *Angus Son Mayol* in Establiments. Qualitativ ist es mit nichts anderem, was die Insel bietet, zu vergleichen. Das Fleisch der Aberdeenrinder ist stets frisch, 100 Prozent naturbelassen, sehr zart, mit sanfter Textur und hervorragendem Geschmack. Bei diesem Fleisch sind wir hinsichtlich Herkunft und Qualität absolut sicher, was unsere Stammkunden sehr zu schätzen wissen!"

Angus Son Mayol - Camí Can Mallol s/n - Establiments
www.angusmallorca.es

Herta & Peter Himbert
Molí des Torrent

„Für uns ist es ein absoluter Glücksfall, das die *Bodegues Macià Batle* mehr oder weniger um die Ecke sind. Die Weine sind hervorragend und bürgen seit vielen Jahren für gleichbleibende Qualität und ein gutes Preis-Leistungsverhältnis. Es lohnt sich vorbeizufahren und eine Weinprobe zu machen."

Bodegues Macià Batle
Camí Coanegram s/n
Santa Maria del Camí
Tel. 00 34 / 9 71 14 00 14
www.maciabatle.com

Ramón Servalls i Batle
Bodegues Macià Batle

„Mein Tipp hat nichts mit Gastronomie zu tun, sondern mit Kunst. Der Künstler *Gustavo* hat das Etikett unseres Reserva Privada 2009 gestaltet. Um diese aussergewöhnliche Kunst zu erleben, ist ein Besuch in Gustavos *Atelier Son Turó* immer wieder ein Erlebnis!"

Atelier Gustavo - Finca Son Turó, Son Jaumell - Capdepera
www.artgustavo.com

**Araceli Servera Ribas
& Xavier Servera Ribas**
Bodegues Ribas

„Wir lieben es, am Sonntagvormittag auf den *Mercat Ecològic de Santa María* zu gehen. Dort finden wir auf ökologischer Basis hergestellte mallorquinische Produkte: Obst, Gemüse, Gewürze, Marmeladen, Honig, kosmetische Produkte und vieles mehr. Ein wunderschönes Ambiente!"

Mercat Ecològic de Santa María del Camí - Santa Maria Zentrum
www.ecomallorca.net

Alexandra & Tom Neumann
Bodega Ana Vins

„Wir waren immer auf der Suche nach einem besonderen mallorquinischen Olivenöl, bis unsere Freunde Aina und Ferrán aus Binissalem uns ihr eigenes *Aceite de Oliva Virgen Extra* vorbeibrachten. Hergestellt aus der Olivensorte Mallorquina, ist es sehr kräftig und fruchtig, mit leichten Anklängen von Bitterstoffen. Es werden nur wenige hundert Liter pro Ernte produziert und es kann über unsere Bodega bezogen werden."

Aceite de Virgen Extra - Binissalem
Tel. 00 34 / 6 05 28 36 85
www.ana-vins.com

Maria & Teresa Solivellas
Ca Na Toneta

„Wir empfehlen die *Bodega Toni Gelabert* – ein Familienbetrieb der ökologischen und biodynamischen Wein produziert. Wirklich einzigartig. Mit viel Liebe zum Detail entstehen so edle Tropfen, mit deren Aromen Sie das ursprüngliche Mallorca trinken."

Vins Toni Gelabert - Cami de Son Fangos Km 3,2 - Manacor
Tel. 00 34 / 6 29 59 37 42
www.vinstonigelabert.com

**Tomeu Torrens
Cantalopps**
Celler Can Amer

„Meines Erachtens sind die hervorragenden Weine der traditionsreichen, 1711 gegründeten *Bodegues Ribas* aus Consell die besten Mallorcas. Das Weingut wird seit Generationen von einer einzigen Familie geführt. Ein Besuch der Kellerei lohnt sich!"

Bodegues Ribas
Camí de Muntanya, 2 - Consell
Tel. 00 34 / 9 71 62 26 73
www.bodeguesribas.com

**Alex Suau, Miquel Suau
& Mar Suau**
*Hotel Son Brull
& Spa und Restaurante 3/65*

„Das Olivenöl *oli d'oliva verge extra* des traditionsreichen Familienunternehmens *Solivellas* ist für uns das Beste der Insel. Aufgrund der langjährigen Freundschaft und Zusammenarbeit wird auch unser eigenes *Son-Brull-Öl* dort gepresst, in unsere Flaschen abgefüllt und mit unseren Etiketten versehen."

www.olisolivellas.com

Macarena de Castro
Jardin

"Pau ist ein mallorquinischer Fischer, der nicht nur mit seinen eigenen, sondern auch den Fischen aller Fischer unserer Insel handelt. Er ist immer auf der Suche nach den besten und frischesten Fischen und Meeresfrüchten. Ohne Zweifel einer der besten, den wir hier haben".

Pescados Cañellas
Carrer Mercat 54 - Sa Pobla

**Joan Jaume Mas
& Ramona Soler Vilarrasa**
Oli d'es Mirant

„Wir empfehlen den Bäcker
Forn de la Pau in Palma, der sehr
zentral gelegen ist, fantastisches
Brot, Brötchen und Gebäck
herstellt. Besonders der Apriko-
senkuchen mit Ensaimadacreme ist
köstlich."

Forn de la Pau - Carrer de la Pau, 12
Palma de Mallorca

Miguel Angel Malondra
Casal Santa Eulàlia

„Ich setze auf die Würze der
Ametlla+-Produkte aus Mallorca.
Die blaue Edition für Fisch- und
Nudelgerichte, die grüne für
Eintöpfe wie den *arròs brut* oder die
escaldums und die rote Mischung für
Süßspeisen wie Joghurt oder Eis, die
aber auch mit einer kleinen Prise zu
Eintöpfen passt."

Ametlla+ de Mallorca
Palma de Mallorca
www.ametllademallorca.com

Vanessa Jane Davidson
Restaurant La Calatrava

„Für mich ist die ökologische
Weinlinie *Alqueria Son Font* der
Bodega Can Feliu in Porreres
etwas ganz Besonderes. Sie wird
gemeinsam von Carlos Feliu und
dem Kitzbühler Top-Gastronomen
und Winzer Wolfgang Tomschy
betrieben."

Bodega Can Feliu y Son Font Vell,
agricultura ecológica - Porreres
Tel: 00 34 / 6 09 61 32 13
oder 00 34 / 6 47 72 10 83
www.sondagueta.com

Pep & María Cabrer
Comestibles Can Cabrer

„Ich empfehle das
Flor de Sal d'Es Trenc: Alle Sorten
dieses gesunden Salzes sind für mich
das Salz des Lebens!"

Salinen von Es Trenc
Ctra. de Campos - Colonia Sant
Jordi, km 10
Campos
www.flordesaldestrenc.com

Andreu Genestra
*Restaurant Andreu Genestra im
Hotel Predi Son Jaumell*

Der Starkoch vom „Hotel Predi Son
Jaumell" bietet in seinem Restaurant
Andreu Genestra Wein und Bier
aus der *Bodega Armero i Adrover* in
Felanitx an: „Fantastischer Wein
und hervorragendes Bier aus der ersten Bodega auf Mallorca, die auch
im großen Umfang Bier herstellt."

Bodega Armero i Adrover
Cami Camada Real s/n - Felanitx
Tel: 0034 / 9 71 82 71 03
www.armeroiadrover.com

Joan Bonnin
*Hotel & Restaurant Cases
de Son Barbassa*

„Ich empfehle die
Bodega Galmés i Ferrer in Petra,
denn sie machen Weinanbau in
dritter Generation und gehören zu
den gefragtesten Winzern auf der
ganzen Insel."

Bodega Galmés i Ferrer
C/ Barracar Alt, 56 - Petra
www.galmesiferrer.com

Catalina Cañellas
Son Gener Hotel Rural

„Wir sind begeistert von den *Ametlla+* - Mandelprodukten, die hier auf Mallorca hergestellt werden: Fünf verschiedene pikant verfeinerte Mandelsorten zum Knabbern und drei Mandelgewürze mit natürlichen Zutaten zum Kochen – köstlich, gesund fürs Herz und ein Beitrag zur Bewahrung der mallorquinischen Mandel."

Ametlla+ de Mallorca
Delikatessengeschäfte und Märkte
www.ametllademallorca.com

Sarah und Felix Trappe
Restaurante Es Pati

„Die Weine der kleinen, aber feinen *Bodega Xaloc* in den Hügeln Pollenças sind hervorragend. Eine Weinprobe dort ist ein echtes Erlebnis."

Bodega Xaloc
Crta. Palma-Pollença, km 49,1
Pollença
Tel. 0034 / 9 71 53 19 10
www.bodegasxaloc.com

Tiffany Theler
La Reserva Rotana Private Golf & Wine Resort

„Wir arbeiten sehr eng mit *Llorenç Cerdà Alimentació* in Porreres zusammen. Ein vertrauensvoller Lieferant für Gourmetprodukte aus aus aller Welt, mit mehr als 6.000 Produkten. Die Spezialität sind Pilze, Foie-Gras-Produkte, Fleisch und mallorquinische Delikatessen. Ein wahres Schlaraffenland!"

Llorenç Cerdà Morá
Calle Mayor, 75 - Porreres
Tel: 971 647 911 - 619 037 245
www.llorencerda.com

Dieter & Onika Sögner
Restaurante Colón

„Die sanfte Meeresbrise zwischen den Buchten von Alcúdia und Pollença sowie die fruchtbare mallorquinische Erde sorgen für den unvergleichlichen Geschmack der Oliven von *Solivellas*. Das *Aceite de Oliva virgen extra D.O.* entspricht höchsten Qualitätsmaßstäben. Es wird aus den Sorten *Arbequina* und *Picual* hergestellt und ist eines der besten Olivenöle Mallorcas."

Verkaufsstellen: Gourmetabteilung des El Corte Inglés, Mercat Santa Catalina, Mercat Olivar sowie im Duty Free - Bereich des Airports Palma
www.olisolivellas.com

Karl-Heinz Mülle & Carolin Hartmüller
Restaurant Pura Vida

„Wegen der langjährigen, freundschaftlichen Zusammenarbeit und der immer gleichbleibenden hohen Qualität empfehlen wir die *Bodegues Macià Batle* in Santa Maria del Camí. Und weil uns diese Kooperation so viel Freude bereitet, erzeugen wir zusammen mit diesem Weingut nun auch unseren eigenen Rotwein: den *Pura Vino 25*."

Bodegues Macià Batle
Camí Coanegram s/n
Santa Maria del Camí
Tel. 00 34 / 9 71 14 00 14
www.maciabatle.com

Silke & Martin Berdan
Hotel & Restaurant Santanyí

„Wir finden Richard Färbers besonderes Getränkeangebot bei *Leo's Leonardo Select* in Palma, und speziell den Sandornlikör *Andalö*, super: Ein Geheimrezept, den Likör gibt es exklusiv auf Mallorca – und nur bei uns im Hotel und Restaurant als unseren *Santanyí Splash*.

Leo´s Leonardo Select
Carrer Apuntadors, 12
Palma de Mallorca
www.leonardo-select.com

Manolo Barahona Vidal & Familie
Restaurant Casa Manolo

„Unser Fischlieferant und Cousin Miguel vom Fischgeschäft *Can Sion* beliefert uns täglich mit frischem Fisch aus der Colonia de Sant Jordi. Und natürlich empfehle ich mein *Spezialsalz Casa Manolo* für zu Hause!"

Fischhandlung Can Sion,
Carrer Poetesa Maria Antonia
Salvà, 4 - Ses Salines.
Für Vorbestellungen:
Tel. 00 34 / 9 71 64 95 33

Joan Nadal
Gran Café Cassai

„Ich empfehle das *Gran Gourmet Cassai*, in dem es eine große Auswahl an mallorquinischen Ölen, Weinen, Marmeladen, Salzen und viele andere Spezialitäten unserer schönen Insel gibt."

Gran Gourmet Cassai
Carrer Sitjar, 5 - Ses Salines

Pascal Bleeck
Son Caulelles Physio & Wellness-Hotel / Day-Spa

„Im *D'Alt d'es Coll* bei Bunyola lässt sich bei einem Gläschen Wein und einem guten Essen wunderbar entspannen. Bei Annette Sommer und Frank Beck kann man so richtig die Seele baumeln lassen. Netter Nebeneffekt: Der herrliche Blick und die immer um zwei Grad kühlere Bergluft machen den Kopf frei!"

D'Alt d'es Coll
Carrer Palma-Sóller, 22 - Bunyola
Tel. 00 34 / 9 71 61 53 80
und 00 34 / 6 50 68 23 42
Vorbestellung erforderlich!

Der Mallorquiner
Georg Weimert

„*Son Catiu* ist ein Muss für jeden Liebhaber feinster und sortenreiner Olivenöle der Eigenmarke *Son Catiu*. Im Shop gibt es kostenfreie Öl-Degustationen, eine große Auswahl an mallorquinischen Spezialitäten sowie Olivenholzartikel. Mallorca´s beste Ölmühle ist auch zum Einkehren sehr gut geeignet, da hier das typisch mallorquinische *pa amb oli* kredenzt wird."

Olivera Son Catiu
Carretera Inca - Artà
(Rotonda Llubí - Muro) - Inca
www.soncatiu.com

Barbara Bergmann & Klas Kall
Rialto Living

„Wir empfehlen die Weinhandlung *La Vinoteca* in Palma. Es gibt dort eine sehr große Auswahl an Weinen und Produkten, der Service ist exzellent."

La Vinoteca
Carrer del Pare Bartomeu Pou, 29
Palma de Mallorca
www.lavinoteca.info

Barbara Wunderlich
Hotel & Restaurante Cort

„Mein Lieblingswein ist der *Son Prim Syrah 2006* des Weingutes *Son Prim*, einem kleinen, aber feinen Familienunternehmen in Sencelles. Dieser exzellente Wein besticht durch sein intensives, dunkles Rot und seinen überaus aromatischen und ausgewogenen Geschmack."

Celler Son Prim
Crta. Sencelles-Inca, Km. 4,9
Sencelles
Tel. 00 34 / 9 71 87 27 58
www.sonprim.com

Albert van Kooten
Sazón

„Es gibt einige gute Olivenölsorten
auf Mallorca. Mein absoluter Favorit
ist das *Treurer Aceite de Oliva Virgen
Extra der D.O. Oli de Mallorca.*
Beste Öl-Qualität, erhältlich in
allen Delikatessengeschäften und
den Feinkostläden im *Mercat Santa
Catalina* und im *Mercat Olivar*,
beide in Palma."

Finca Treurer
Ctra. Llucmajor - Algaida, Km. 5,7
Xaloc 18
Algaida.
www.treurer.com

Carmen Sans
Hotel Convent de la Missió

„Im Herzen von Palma, an der
Plaza Santa Eulalia, gibt es ein
wunderbares Delikatessengeschäft:
Las Gracias. Hier findet man
eine große Auswahl an mallorquinischen Produkten. Meine
Favoriten sind die unterschiedlichen
Geschmacksvarianten der *Ametlla+
de Mallorca*: geriebene Mandeln mit
Tomate und Kräutern für einen leckeren arroz brut, mit Zitronenschale für
Joghurt und Desserts, oder mit Knoblauch und Petersilie für calderetas de
pescado."

Las Gracias - Plaza Santa Eulalia
Palma de Mallorca

Marc Fosh
Simply fosh

"In der *Tasca Gastrobar* wird
mediterrane Küche mit asiatischen
Einflüssen innovativ in kleinen
Portionen präsentiert. So kann der
Gast mehrere Gerichte probieren.
Und wer sich ein bisschen
Tasca-Feeling mit nach Hause neh-
men will, hat eine große Auswahl
an Wein, Prosecco, Gewürzen und
vielem mehr."

Tasca Gastrobar
Carrer Blanquerna, 6 - Palma
www.marcfosh.com

**Gabriele Imhoff
& Miguel Fernández**
Otto Mare

„Zu unserer Küche passt natürlich am besten italienischer Wein,
den man hier auf Mallorca bei
Feinkost Farnetani im Polígono Son
Bugadelles bekommt. Unser Favorit
ist der *Primitivo di Manduria*, ein
gehaltvoller Rotwein aus dem südli-
chen Apulien."

Feinkost Farnetani
Carrer Alicante, 13 - (Polígono
Industrial Son Bugadelles)
Santa Ponsa

**Karen Bragagnolo
& Enrique Salar**
Café Salar

Die Kaffeespezialisten von „Café
Salar" empfehlen die Weinhandlung
Vinamica aus Lloseta: „Ein relativ
kleines Unternehmen, das genau wie
wir auf Details und Qualität achtet
und konstant auf der Suche nach
neuen und ausgezeichneten Weinen
gleich welcher Preisklasse ist und
eine große Vielfalt bietet."

Vinamica
Carrer Joan Carles I, 21
Lloseta
www.vinamica.es

**Sven Grabolle, Antonio
& Salvatore Langobardi**
Restaurante Ritzi

„Die Weine von *Son Campaner* passen hervorragend zu unseren Gerichten, sie haben Eleganz und Charakter. Unsere Gäste lieben den *Merlot
2010* und den *Blanc de Blancs 2011*,
die beide bei dem Internationalen
Weinwettbewerb Mundus Vini
mit einer Gold- beziehungsweise
Silbermedaille ausgezeichnet
wurden."

Bodega Son Campaner
Carrer Pou Bauza, 19
(Polígono Industrial)
Binissalem
Tel: 0034 / 9 71 87 00 04
www.soncampaner.es

Thomas Kahl
Es Fum

„Ich bin ein Fan des größten Stadt-
marktes in Palma, des *Mercat Olivar*.
Der Markt zeichnet sich durch
hervorragende Produktqualität aus,
viele Waren kommen direkt von der
Insel und sind deshalb knackfrisch.
Gemüse, Fisch und Fleisch halten
jedem Vergleich stand, gleichzeitig ist der Markt auch ein idealer
Einkaufsort für Restaurants."

Mercat Olivar
Plaça de l'Olivar, 4 - Palma
www.mercatolivar.com

Oldus Weisser
Restaurante Pinos

„Für mich sind die Weine der
Finca Ses Talaioles bei Manacor nicht
zu toppen. *Sestal* und *Sestalino* sind
exzellente, mallorquinische Weine.
Aus Liebe zu den Trauben werden
diese auch immer noch mit Füßen
getreten! Hier werden übrigens auch
die berühmten *patas negras* gezüchtet
– das sind die Schweine, die dann als
Serrano-Schinken enden."

Finca Ses Talaioles
Allee Baix des Cos, 46 - Manacor
Tel. 00 34 / 6 96 45 91 13
www.weinladen.com und
www.mavino.ch

**Norbert Amthor
& Christiane Zube**
Fincahotel Can Estades

„Wir empfehlen unseren Gästen
einen Besuch der schönen, relativ
jungen *Bodega Bordoy* bei Llucmajor,
gleich hinter dem Hilton Sa
Torre Mallorca Resort. Dort erklärt
Sandra Adrián die Philosophie des
Weingutes und lädt zur Probe der
köstlichen Tropfen ein."

Bodega Bordoy
Camí de Muntanya s/n, Llucmajor
Tel. 00 34 / 9 71 77 40 81
www.bodegasbordoy.es

Bettina Nuschei
Restaurant-Konzepte

„Wenn ich auf Mallorca bin, gönne
ich mir ein paar Gourmetprodukte
bei der *Carnicería M. Garau* in
Can Pastilla. Hier gibt es meines
Erachtens auch das beste Fleisch der
Insel!"

Carnicería Frutería Charcutería A.
Garau - Avda. Central, 2 Local A
Can Pastilla

**Jens Krumbiegel,
Manuela Aichinger
& Emmerich Reutter**
Restaurante El Patio

„Unser Favorit ist das
Oliva Virgen Extra Tianna Negre
von Patrick Paulsen. Sein intensives
und ausgewogenes Aroma erinnert
an Pflanzen und Mandeln. Für
unsere eigene Öl-Kreation, auf
Basis des *Tianna Negre*, verwenden
wir zusätzlich frische Kräuter wie
Fenchel, Sternanis, Rosmarin,
Wacholder, Thymian, Pfeffer,
Lorbeerblätter und Nelken."

Finca Es Pinaret
Cami d'es Mitjans, Polígono 7
Binissalem
Tel. 00 34 / 9 71 88 68 26
www.tiannanegre.com

**Jenny Terler
& Domenico Curcio**
Restaurante Trespais

„Die *Bodega Xaloc* ist ein
wunderschönes Weingut mit
hervorragenden Weinen – und
einem ebenso guten Olivenöl. Die
Winzerin, Christina Schallock,
spricht Deutsch. Ein Besuch,
verbunden mit einer Weinprobe,
lohnt sich immer!"

Bodega Xaloc
Crtr. Palma-Pollença, km 49,1
Pollença
Tel. 00 34 / 9 71 53 19 10
www.bodegasxaloc.com

Antonia Bestard Porcel
Restaurante Layn

„Ein eisgekühlter *Blanc de Blancs*
der *Bodegues Macià Batle* ist immer
wieder ein Genuss und ideal zu allen
Fischgerichten. Im Bodegashop gibt
es auch Salz in verschiedenen Geschmacksvariationen – Weißwein,
Rotwein, pikant, mit schwarzen
Oliven, Zitronen, Orangen und
vielem mehr. Ein Besuch lohnt sich
immer!"

Bodegues Macià Batle
Camí Coanegram s/n
Santa Maria del Camí
Tel. 00 34 / 9 71 14 00 14
www.maciabatle.com

Denis Ascione
Media Luna

„Ein Eldorado für alle italienischen
Spezialitäten ist *Feinkost Farnetani*
im Industriegebiet von Santa Ponsa.
Hier bekomme ich alles, was ich
zu einer guten italienischen Küche
benötige. Antipasti, italienisches Olivenöl, alten Balsamico, hausgemachte
Pasta, Risottoreis, Trüffelhonig,
Parmigiano, Prosecchi, Grappe und
natürlich ein hervorragendes italienisches Weinangebot."

Feinkost Farnetani
Carrer Alicante, 13
Polígono Industrial Son Bugadelles
Santa Ponsa

Bettina Neumann
Co-Autorin

„Ich empfehle die kleine *Bodega Son
Prim* der Familie Llabrés bei Sencelles. Ich liebe den Blanc de Merlot,
ein Weißer aus einer roten Traube,
der für mich nach einem Hauch von
Ensaimada schmeckt, dabei frisch
und fruchtig ist, einen unglaublichen,
undefinierbaren Schimmer hat und
dessen schönes Etikett ein Vögelchen
schmückt. Wohl bekomm's!"

Petit Celler Son Prim
Crta. Sencelles-Inca, Km. 4,9
Sencelles
Tel 00 34 / 9 71 87 27 58
www.sonprim.com

Nando Esteva
Photograph

„Mein absoluter Favorit ist das
Oli d'Oliva Verge Extra Wengué, das
zu den besten Mallorcas gehört. Sein
Geschmack, sein Aroma und seine
Textur sind mit keinem anderen Öl
unserer schönen Insel zu vergleichen. Ein spritziges und zugleich
samtiges Öl, das mit schonendsten
Methoden hergestellt wird."

Wengué - General Riera, 66
Palma de Mallorca
www.wenguesl.com/olis

Eva von Oheimb
Autorin

„Es ist immer wieder ein Erlebnis,
auf dem *Mercat Santa Catalina*
einkaufen zu gehen. Hier bekomme
ich alles - marktfrisches Obst,
Gemüse, Fisch, Sushi, Fleisch,
Gewürze, Wein, Öl, Blumen
- ein Fest für alle Sinne. Mein
Lieblingsstand ist *La Coquería* - dort
kann ich mallorquinische *cocas* und
Suppen mit nach Hause nehmen
oder gleich dort essen."

Mercat Santa Catalina
Plaça Navegació, s/n
Palma de Mallorca
www.mercatsantacatalina.com

Jaime Sicre
Grafikdesigner

„Mir gefällt der *Brassclub* sehr gut,
der ganz im Stil der amerikanischen
Cocktailbars der 50-er eingerichtet
ist. Inhaber Rafa Martín ist lateina-
merikanischer Meister im Cocktail-
mixen, er bietet klassische Drinks
und leckere Eigenkreationen an! Der
Club ist eine wundervolle Symbiose
aus Architektur und Musik. Beein-
druckend die spektakuläre Lampe,
die mit mehr als 3.000 Flaschen die
ganze Decke einnimmt!"

Brassclub
Passeig Mallorca, 34
Palma de Mallorca
www.brassclub.com

Rezepte

Mallorquinisches Spanferkel mit Rosmarin-Honigsauce
Es Racó des Teix, *Seite 18*

ZUTATEN UND ZUBEREITUNG
FÜR 4 PERSONEN

Spanferkel:

1 kg Spanferkel (aus der Schulter), 250 ml Olivenöl, 3 Rosmarinzweige, 1 ½ Knoblauchzehen, 2 Lorbeerblätter, 2 El Honig, 1 Gefrierbeutel.

Schulter auslösen und in etwas Olivenöl anbraten, bis das Fleisch braun ist. In einen Gefrierbeutel geben und mit dem Olivenöl auffüllen. Rosmarin hinzufügen, Knoblauch schälen, Lorbeerblätter ebenfalls hinzufügen, zum Schluss kommt der Honig hinein. Beutel verschließen. In einem großen Topf mit heißem Wasser bei 70 Grad cirka 8 Stunden lang pochieren. Achtung: Das Wasser muss dabei den Beutel bedecken.

Sauce:

Olivenöl, 1 Karotte, ½ Sellerie, 1 ½ Knoblauchzehen, 1 Zwiebel, 3 Zweige Rosmarin, , 2 Lorbeerblätter, 1 EL Tomatenpüree, Salz und Honig.
Die Knochen zerhacken, in Olivenöl anrösten, Karotten, Sellerie, Zwiebel, Rosmarin, Knoblauch, Lorbeerblätter und Tomatenpüree dazugeben. Mit Wasser auffüllen, bis die Knochen bedeckt sind und 2 Stunden köcheln lassen. Durch ein Sieb geben und bis zur gewünschten Konsistenz einkochen. Mit Salz und etwas Honig abschmecken.

Kohlrabi-Gemüse:

1 Kohlrabi, Salz, Butter, 1 Espressolöffel Zucker, 1 Espressolöffel Salz, ¼ l (250 ml) Sahne, 1 Zweig Petersilie.

Kohlrabi schälen, in kleine Würfel schneiden und in heißem Wasser mit etwas Salz kurz blanchieren. In einem Topf etwas Butter zergehen lassen, Kohlrabi hinzufügen und kurz anschwitzen. Das Gemüse darf dabei nicht braun werden. Mit Wasser auffüllen, bis die Kohlrabis bedeckt sind. Kochen, bis sie „al dente" sind (zwischendurch probieren!). Flüssigkeit abgießen, in einem Topf auffangen. Sahne zugeben und reduzieren, bis die gewünschte Konsistenz erreicht ist und die gehackte Petersilie dazugeben.
Zum Schluss das Spanferkel aus dem Beutel nehmen, abkühlen lassen. Die Haut entfernen, Fleisch tranchieren. Haut ebenfalls in Streifen schneiden und in Olivenöl anbraten, bis sie richtig knusprig ist. Das in Streifen geschnittene Spanferkel vor dem Servieren noch einmal ganz kurz mit etwas Olivenöl erhitzen.

Tipp:

Statt das Fleisch in einem Gefrierbeutel zu pochieren, kann man es auch in einer Pfanne mit Olivenöl bei 70 Grad garen lassen. Das Fleisch muss dabei mit dem Öl ganz bedeckt sein. Auch hier beträgt die Garzeit zwischen 8 und 9 Stunden. Zwischendurch mehrmals wenden. Bon profit!

Nicoise Salat „Freestyle Es Passeig" Marinierte Salatherzen mit geräuchertem Thunfisch in schwarzem Pfeffer gebraten an Speck-Bohnensalat mit Oliveneis, Eimousse, Tomatenvinaigrette und Sardellencroûtons
Es Passeig, *Seite 20*

ZUBEREITUNG UND ZUTATEN
FÜR 4-6 PERSONEN

Speck-Bohnensalat:

100 g Keniabohnen, 20 g Schweinespeck, 10 g Petersilie.
Bohnen blanchieren, Speck auslassen und Petersilie klein hacken. Dann das Ganze in einer kleinen Schüssel mischen und mit Olivenöl, Salz, Zucker, schwarzem Pfeffer und weißem Balsamico abschmecken.

Sardellencroûtons:

100 g Weißbrot, 8 Sardellen, Olivenöl.
Weißbrot in 3 mal 3 cm große Balken schneiden. Im Olivenöl mit den Sardellen anbraten, wenn sie goldbraun sind auf einem Küchentuch auskühlen lassen.

Geräucherter Thunfisch:

400 g Thunfisch (Sushi-Qualität).
Thunfisch in 6 mal 6 cm große Rechtecke schneiden, auf einem Kuchengitter in einen Karton stellen! Räuchertipp! Dazu braucht man einen großen Karton mit Deckel, damit das Räuchergut Zeit hat, das Raucharoma anzunehmen. Räuchermehl erhitzen, wenn es qualmt mit in den Karton stellen. Nun 40 Minuten warten, den Thunfisch

herausnehmen und mit schwarzem Pfeffer würzen. Kurz durch die Pfanne ziehen, portionieren.

Tomatenvinaigrette:

2 Fleischtomaten, Olivenöl, weißer Balsamico.
Tomaten in heißem Wasser blanchieren, danach die Haut abziehen und entkernen. Die Tomatenfilets in Würfel schneiden, alles mit Salz, Zucker und Pfeffer abschmecken.

Ei-Mousse:

1 Rührei, 1 gekochtes Ei, 42 g geklärte Butter, 12 g Milch, 12 g Sahne, 50 g Wasser, 1 TL Weißweinessig, 1 Blatt Gelatine, 50 g geschlagene Sahne.
Den oberen Teil in den Thermomix geben, auf 65 °C erhitzen. Die eingeweichte Gelatine dazugeben, einmal zusammen mixen. Wenn die Masse abgekühlt ist, die geschlagene Sahne darunterheben.

Oliveneis:

160 g grüne Oliven, 70 g Olivenwasser, 80 g weiße Zwiebeln, 10 g Leuterzucker, 26 g Weißweinessig, 35 g Olivenöl, 20 g Glukose, 35 g Zucker, 26 g Pektin.
Alles außer den Zwiebeln in den Thermomix geben. Zwiebeln anschwitzen und dazugeben. Alles fein mixen, in eine Sorbetière geben, anrichten. Viel Spaß !

Seeteufel mit Rahmkohlrabi, Mandelkrapfen und Limonensauce
Molí des Torrent, *Seite 22*

ZUTATEN UND ZUBEREITUNG
FÜR 4 PERSONEN

Seeteufel:
500 g Seeteufel, Olivenöl, Butter, Salz, Pfeffer.
Den Seeteufel beim Fischhändler putzen und in Scheiben schneiden lassen. Zu Hause dann mit Salz und Pfeffer würzen. In der Pfanne in Olivenöl und Butter kurz rechts und links anbraten.

Limonensauce:
200 ml Fischfond, 200 ml Weißwein, 200 ml Sahne, 200 ml Crème fraîche, 1 Schalotte, 1 Limone, 1 Lorbeerblatt, 2 Esslöffel Olivenöl, etwas Butter, Salz und Pfefferkörner.
Die Schalotte in Scheiben schneiden, Fischfond, Weißwein, Lorbeerblatt, Pfefferkörner dazugeben und auf ein Drittel reduzieren. Nun Sahne und Crème fraîche dazugeben, mit Limonenöl sowie dem Abrieb einer Limone abschmecken.

Tipp:
Ein guter Fischfond ist eine unverzichtbare Grundlage für viele Fischgerichte, Suppen und Saucen und bestimmt deren Geschmack maßgeblich. Sie können ihn in einer größeren Menge zubereiten und dann einfrieren – so haben Sie länger etwas davon!

Rahmkohlrabi:
2–3 Kohlrabi (oder Schwarzwurzeln), 150 ml Sahne, 50 g Butter, Salz, Muskat.
Kohlrabi schälen und in Stifte schneiden. Sahne mit Butter aufkochen und leicht reduzieren. Nun den Kohlrabi blanchieren, in die Sahne geben und mit Salz und Muskat abschmecken.

Mandelkrapfen:
200 ml Milch, 80 g Mehl, 2 Eier, 50 g Mandeln (gemahlen), 50 g Mandelstifte, 50 g Butter, Salz, Pfeffer, Muskat.
Milch und Butter aufkochen, Mehl zugeben und abbrennen. Das geht am besten mithilfe eines Holzlöffels. So lange rühren, bis der Teig sich vom Topfboden löst – aber Vorsicht, nicht anbrennen lassen! Restliche Zutaten unterheben, Nockerln abstechen und in der Friteuse ausbacken. Zum Schluss alles schön auf dem Teller dekorieren.

Guten Appetit!

Eine kleine Weinempfehlung
Bodegues Macià Batle, *Seite 24*

Welcher Wein passt zu welcher Speise? „Eine wichtige Frage", erklärt Ramón Servalls i Batle, „denn nur wer weiß, welcher Wein zu welcher Speise passt, kann Geschmäcker voll auskosten, Aromen intensivieren und den Genuss steigern."

Seine Empfehlung lautet:
Der *Macià Batle Blanc de Blancs* Weißwein mundet zu allen Fisch- und Meeresfrüchtegerichten. Eisgekühlt eignet er sich besonders gut als Aperitif.

Die im Eichenfass gereiften, etwas kräftigeren *Blanc de Blancs Crianza*-Weine, wie der *Únic* oder der *Llaüt*, schmecken nicht nur zu Fisch, sondern auch zu weißem Fleisch.

Zu Salaten, Suppen und leichten Reisgerichten mundet der Macià Batle Rosé, der im Sommer ebenfalls ein perfekter Aperitif ist.

Macià Batles junge Rotweine sollten bei 15 bis 16 Grad genossen werden und zu Salaten, leichten Fleischgerichten oder den „sopes", den berühmten mallorquinischen Brotsuppen, serviert werden.

Die in französischen Eichenfässern gereiften, kräftigen und vollmundigen *Crianza*- und *Reserva*-Rotweine munden zu deftigen Gerichten, wie rotem Fleisch, den beliebten Eintöpfen, die auf Mallorca *guisats* genannt werden, oder kräftigen Reisgerichten, z. B. *arròs brut*, dem sogenannten „schmutzigen Reis".

Süße Rot- und Weißweine wie der *Negre Dolç* oder der *Blanc Dolç* runden das Mahl beim Dessert, beispielsweise dem Mandelkuchen *gató* mit Mandeleis oder Schokoladenspezialitäten wie den *trufes*, perfekt ab.

Eine kleine Weinempfehlung
Bodegues Ribas, *Seite 26*

Beim Essen ist es wichtig, auf die richtige Kombination mit einem guten Wein zu achten. Dabei spielt es keine Rolle, ob dieser hochpreisig ist, wichtig sind die Qualität der Trauben, die Kombination mit anderen Rebsorten und die Verarbeitung derselben.

Der *Sió* hat im 2000 seinen Namen im Gedenken an unsere Grossmutter Sió (mallorquinische Abkürzung des Namens Concepció) erhalten. Ein eleganter, frischer und fruchtiger Wein mit mineralischem Hintergrund, der ihm von unseren kalkhaltigen Weinbergen verliehen wird. Während der gesamten Weinlese werden die eintreffenden Trauben manuell an zwei Tischen nach Qualität sortiert, zunächst die ganzen Trauben, später die einzelnen Beeren.

Der *Sió Negre* wird aus reifen Trauben von alten *Manto-Negro*-Weinstöcken hergestellt. Eine Sorte aus Mallorca mit erstaunlich kräftigem Aroma, sehr fruchtig und warm. Er wird mit besonders strukturierten Sorten wie *Syrah*, *Cabernet* und *Merlot* von 25 Jahre alten Weinstöcken kombiniert. Wir empfehlen den *Sió Negre 2010*, der sich hervorragend

zu Fleischgerichten, Eintöpfen und zu Käse eignet. Außerdem eine wunderbare Erfrischung, wenn er eisgekühlt an heißen Sommertagen genossen wird – so, wie wir Mallorquiner es lieben!

Unser *Ribas Blanco* ist ein junger, frischer Weißwein mit raffinierten Aromastoffen aus *Prensal Blanc*, einer Rebsorte aus Mallorca, und *Viognier*, einer vor Kurzem entdeckten Rebsorte, die eher untypisch für das mediterrrane Klima ist. Er schmeckt nach Zitrusfrüchten und weißen Früchten, mit einem weichen und komplexen Abgang. Hervorragend zu Fisch und Meeresfrüchten, Geflügel, Paellas und Sommersalaten.

Eine kleine Weinempfehlung
Bodega Ana Vins, *Seite 28*

Unser Weißwein *Ana blanc* mit dem erdigen Geschmack von Mallorca und der gut eingebundenen Säure passt hervorragend zu *gambas al ajillo*, insbesondere zu den roten Gambas von Sóller, deren leicht süßlichem Geschmack und dem karamelisiertem Knoblauch. Es empfiehlt sich, etwas Weißwein anzugießen. Mit diesen hervorragenden Gambas wird das eine exzellente Vorspeise.

Ein gekühlter *gazpacho* und unser *Ana rosat* ergänzen sich im heißen August wunderbar. Die cremige Frucht vom Rosé und die würzigen Aromen der typisch spanischen, kalten Gemüsesuppe verbinden sich harmonisch zu einem Geschmackserlebnis der besonderen Art.

Der *Ana negre* mit seiner jugendlichen und leichten Art ist ein guter Begleiter zu hellem Fleisch. Hervorragend zu mallorquinischen Wachteln und Rebhuhn oder einem leckeren Kanincheneintopf. Der *Ana negre* ist nicht nur Essensbegleiter, er kann auch leicht gekühlt getrunken werden – was nicht nur die Mallorquiner an heißen Sommertagen sehr gerne machen!

Die auf der Insel hervorragend zubereiteten Lammfleischvariationen kommen mit den reifen und gut eingebundenen Tanninen des *Ana Selecció* erst richtig zur Geltung.

Salud und bon profit!

Mallorquinische Karottensuppe mit wildem Fenchel
Ca Na Toneta, *Seite 34*

ZUTATEN FÜR VIER PERSONEN

1 große Zwiebel, ½ Kilo dunkle, mallorquinische Karotte, 3 große EL Olivenöl (Vergine), 4 Zweige wilder Fenchel, 1 Liter. Wasser, Salz, Pfeffer

ZUBEREITUNG

Dies ist ein typisch mallorquinisches Gericht, das leicht und schnell zuzubereiten ist – sehr gesund und besonders schmackhaft, beliebt bei Jung und Alt!
Zwiebel würfeln, mit Salz und Pfeffer bestreuen und 5 Minuten lang leicht rösten, bis sie goldgelb ist. Die in Scheiben geschnittenen dunklen Karotten dazugeben und weitere 5 Minuten lang leicht anbraten. Wasser hinzufügen, 30 Minuten lang einkochen. Falls nötig, mehr Wasser einfließen lassen, damit immer eine leichte Grundflüssigkeit bestehen bleibt. Für die besondere geschmackliche Note dieser Suppe ist der – am besten wilde – Fenchel besonders wichtig, der nun 5 Minuten lang mitgekocht wird. Sollten Sie nicht auf Mallorca sein und der Jahreszeit entsprechend wilden Fenchel finden, kann auch Fenchelpulver oder eingelegter Fenchel aus dem Glas verwendet werden. Zum Schluss alles in den Mixer geben und eine dickflüssige Creme zubereiten. Mit Salz und Pfeffer abschmecken. Fertig!

Als Beilage empfehlen wir leicht geröstetes, mallorquinisches Brot oder dunkles Vollkornbrot.

Bon profit!

Tipp:
Die dunklen Karotten werden auf Mallorca in jedem Markt verkauft, da sie eines der beliebtesten lokalen Produkte mit hohem Vitamingehalt sind. Sie sind im Geschmack etwas süßer, als die herkömmlichen orangen Karotten, die Sie für dieses Rezept aber auch verwenden können.

Gefüllte Lammschulter mit *Sobrassada*
Celler Can Amer, *Seite 36*

ZUTATEN FÜR VIER PERSONEN

Zwei Lammschultern von je ca. 750 g, 4 große Auberginen, 250 g Sobrassada (mallorquinische Hausmacherwurst mit Paprika)
Röstgemüse:
1 Stange Lauch (nur das Weiße), 1 mittelgroße Zwiebel, 2 Karotten, 2 Knoblauchzehen, 1 Bund gemischte Kräuter, 1 Mirepoix (in Würfel geschnittene Karotten, Sellerie und Petersilienwurzel), ½ l Fleischbrühe, 1 Glas starker Rotwein.

ZUBEREITUNG

Die Knochen der Lammschulter sorgfältig auslösen, sodass das Fleisch möglichst kompakt bleibt. Mit Salz und Pfeffer würzen und beiseitestellen. Gemüse putzen und kleinschneiden. Auberginen schälen, entkernen und in feine Scheiben schneiden. In heißem Olivenöl braten, ohne dass das Gemüse Farbe annimmt. Mit Küchenpapier trocken tupfen, sodass das Öl aufgesaugt wird. Die Lammschultern so flach wie möglich ausrollen, eventuell etwas zurechtschneiden. Das Fleisch mit den Auberginenscheiben belegen und in die Mitte der ganzen Länge nach die Sobrasada verteilen. Das Fleisch fest zusammenrollen und mit Küchengarn umwickeln und festbinden. Mit Mehl bestreuen.
In einem Schmortopf das Öl erhitzen, in dem die Auberginen gebraten wurden. Die gefüllten Lammschultern und die Knochen hineingeben und von allen Seiten scharf anbraten. Das Mirepoix und die Kräuter mit dem Fleisch anbraten. Die Hälfte der Brühe und des Weins dazugeben und im Ofen 50 Minuten braten. Ab und zu das Fleisch wenden und den Rest der Flüssigkeit dazugeben. Zum Schluss das Fleisch herausnehmen und den Faden entfernen. In nicht zu dünne Scheiben schneiden.

Die Sauce absieben, dabei die Kräuter gut mit einem Löffel pressen. Die Sauce mit Salz und Pfeffer würzen. Etwas von der Sauce in eine vorgewärmte Servierplatte geben, das Fleisch und Gemüse darauf anrichten und heiß servieren. Den Rest der Sauce separat in einer Saucenschüssel servieren. Ideale Begleiter für die gefüllten Lammschultern sind auch Tumbet oder gebratene oder frittierte Auberginenscheiben und Birnen in Weißwein.

Bon profit!

Spanferkel *a la Mallorquina*
**Restaurante 3/65
im Hotel Son Brull,** *Seite 38*

ZUTATEN FÜR VIER PERSONEN

1 Spanferkel, 6 kg, 6 Liter Sonnenblumenöl, 3 g schwarzer Kardamom, 10 Pfefferkörner, 2 Lorbeerblätter, 2 Knoblauch-zehen, 3 kg Salz, 3 kg Zucker, 1 kg süßer Paprika, 400 g Karotten, 4 Lauchzwiebeln, 1 Zweig frischer Fenchel, 10 Gemüsezwie-beln, ½ l Orangensaft, 1 EL Brandy, 1 EL Honig, etwas Butter, Olivenöl, Salz.

ZUBEREITUNG

In einer großen Schüssel Salz, Zucker und Paprikapulver gut miteinander vermischen und das Spanferkel gut damit einreiben. Mit Alufolie abdecken und 3 Stunden lang ruhen lassen. Danach mit Wasser abwaschen und mit Küchenkrepp trocken reiben.

Das Spanferkel in eine tiefe Reine legen und Sonnenblumenöl zugießen, bis es komplett bedeckt ist. Nun die ganzen Knoblauchzehen, Kardamom, Lorbeerblätter und Pfefferkörner zufügen und im Backofen 3 Stunden lang bei 130 Grad schmoren lassen.

In der Zwischenzeit Karotten und Frühlingszwiebeln in Stücke schneiden. Danach in einer Pfanne die Frühlingszwiebeln leicht anbraten, Karotten und ein Glas Wasser beimischen und zugedeckt 15 Minuten köcheln lassen. Zum Schluss kommen der kleingehackte Fenchel und ein Teil des Orangensaftes hinzu. Der Rest des Saftes wird mit etwas Zucker auf kleiner Flamme reduziert.

Die Gemüsezwiebeln werden mit der Schale 3 Minuten lang auf dem Rost des Backofens blanchiert. Nachdem wir sie wieder herausgenommen haben, werden sie geschält und in einer Pfanne mit der Butter und dem Honig goldgelb gegart. Zum Schluss mit dem Brandy und dem reduzierten Saft der Orange ablöschen.

Nun lösen wir das Spanferkel von seinen Knochen und braten es kurz in einer beschichteten Pfanne an, damit es etwas Farbe annimmt. Das Fleisch wird auf einem Karottenbett serviert. Als Garnierung werden die in der Mitte halbierten und mit dem Saft des Bratens gefüllten Zwiebeln daneben drapiert.

Guten Appetit!

Knoblauch-Garnelen
Jardín, *Seite 40*

ZUTATEN
FÜR 10 PERSONEN

Geräuchertes Öl:
750 ml Olivenöl, 750 ml Sonnenblumenöl, 100 ml Kohle.
Die beiden Ölsorten mischen und in einen Metalltopf giessen. Die Kohle zum Glühen bringen und in das Öl geben. Mit einem Deckel verschliessen und 25 Minuten ruhen lassen, dann die Kohle wieder entfernen.

Geräucherter Knoblauch:
30 Knoblauchzehen, 1,5 l geräuchertes Öl.
Die Knoblauchzehen schälen, in der Mitte zerteilen und den weichen Kern entfernen. Kurz anbraten. Danach den Knoblauch 20 Minuten lang mit dem geräucherten Öl auf kleiner Flamme köcheln.

Knusprige Garnelenfüsse:
10 frische Garnelen.
Den Kopf der Garnelen vom Schwanz trennen, Hirn und Eingeweide entfernen. Das Fleisch für die Brühe zur Seite legen. Nun die Garnelenfüsse auf hoher Stufe so lange braten, bis sie eine goldgelbe Farbe angenommen haben. Vom Öl trennen, das später noch verwendet wird. Auf Küchenkrepp abtropfen lassen.

Garnelenbrühe:
20 frische Garnelen, 10 Knoblauchzehen und das vorher geräucherte Öl, 100 ml Fischbrühe.
Den geräucherten Knoblauch in seinem Öl goldgelb braten. Nun die Garnelenköpfe zugeben und 10 Minuten lang auf niedriger Flamme köcheln. Garnelenköpfe fest ausdrücken, um so viel Saft wie möglich zu erhalten und mit dem Öl des geräucherten Knoblauchs vermischen. Einige Minuten lang auf niedriger Flamme reduzieren, oft umrühren. Mit Salz abschmecken.

Gekochte Garnelen:
2 Garnelen pro Person.
In einem tiefen Topf Meerwasser (oder Salzwasser) auf 55 Grad erhitzen, Garnelen hineingeben und 45 Sekunden lang kochen. Auf Küchenkrepp abtropfen lassen und schälen.

Knoblauchgemüse:
Das Knoblauchgemüse mit Salz und Olivenöl in Aluminiumpapier einwickeln. Im Backofen auf 180 Grad circa 4 Minuten lang garen. In 5 cm grosse Stücke schneiden.

Serviervorschlag:
Die Garnelencreme in einen tiefen Teller geben, während die Gambas kochen. Knoblauchgemüse und Garnelen zufügen, mit den knusprigen Garnelenfüssen dekorieren.

Bon profit!

Dorade mit Safanària-Möhren und Olivenöl
Oli des Mirant, *Seite 42*

ZUTATEN FÜR 2 PERSONEN

2 filetierte, entgrätete, frische Mittelmeer-Doraden, 2 große dunkle Möhren (Safanària).
Für die Vinaigrette: 2 getrocknete

Tomaten, Thymian, Rosmarin, Schnittlauch, Salbei, Salz, Pfeffer, natives Olivenöl Extra der Marke „Oli des Mirant" Für die

Dekoration:
Rosmarinblüten

ZUBEREITUNG

Die dunklen Möhren säubern, schälen, in fingerbreite Stücke schneiden und auf heißer Flamme in der Pfanne braten, leicht salzen. Die Kräuter und die getrockneten Tomaten sehr fein hacken und mit ausreichend Olivenöl der Marke *Oli des Mirant* vermischen, etwas Salz und Pfeffer hinzugeben. In einer separaten Pfanne die Doradenfilets goldgelb anbraten und zwar stets auf der Seite mit der Haut zuerst, von beiden Seiten leicht salzen. Möhren und Fischfilets auf dem Teller anordnen, die Vinaigrette dazugeben, mit den Rosmarinblüten dekorieren und servieren. Schon ist ein sehr gesundes und schmackhaftes mediterranes Mahl fertig!
Im Prinzip kann für das Anbraten von Fisch und Möhren auch kalt

gepresstes Olivenöl verwendet werden. Aufgrund der Hochwertigkeit eignet sich das *Oli des Mirant* aber vor allem für Salate, die Öl-Tomatenbrote *pa amb olis* und zur Verfeinerung von Pasta, Gemüse, Fleisch- und Fischgerichten oder zum Beispiel für die Vinaigrette dieses Rezepts.
Anstelle der dunkelvioletten Safanària-Mohrrüben, die auf Mallorca ein beliebtes Winter- und Frühlingsgemüse sind, können auch normale Mohrrüben, vorzugsweise aus biologischem Anbau, verwendet werden.

Guten Appetit!

Gebratene Jakobsmuscheln mit zarter Erbsencreme und Parmesan-Ziegel
Casal Santa Eulalia, *Seite 44*

ZUTATEN FÜR 4 PERSONEN

16 frische Jakobsmuscheln von bester Qualität, geriebene Schalen von zwei Limetten, 1 EL rosa Pfefferkörner, 1 EL chinesischer

Pfeffer, 100 ml kalt gepresstes Olivenöl, 1 g geriebener Ingwer, 300 g zarte Erbsen, 300 ml kalte Gemüsebrühe, 150 g geriebener

Parmesan, Flor de Sal (Meersalz).

ZUBEREITUNG

Zunächst ruhen die Jakobsmuscheln in einer Schüssel über 3 Stunden in einer Marinade, die aus den Limetten, den zwei Pfeffersorten, dem geriebenem Ingwer und 100 ml Olivenöl zubereitet wird.
Nun werden die Erbsen in einem Topf blanchiert und anschließend mit Eis abgeschreckt, um den Garprozess zu unterbrechen und die grüne Farbe (das Chlorophyll) zu erhalten. Jetzt werden die Erbsen in der kalten Gemüsebrühe zerkleinert, sehr fein gesiebt und mit dem restlichen Öl vermengt.
Für die Parmesanziegel wird der geriebene Parmesankäse zwischen zwei Silpat-Backplatten 6 Minuten lang bei 180 Grad Ofentemperatur geschmolzen.
Jetzt werden die Muscheln von beiden Seiten kurz angebraten und

in einem tiefen Teller dekoriert, in den zuvor die Erbsencreme gegeben wurde. Anschließend das „Dach" aus den Parmesanziegeln an den Muscheln dekorieren. Zum Abschluss wird das Gericht mit etwas Flor-de-Sal-Meersalz gewürzt und kann jetzt serviert werden. Wohl bekomme dieses leichte und gesunde Gericht aus typisch mediterranen Zutaten! Dazu mundet ein Glas leichter mallorquinischer Weißwein.

Cullen Skink *La Calatrava Way* für kältere Tage auf Mallorca
La Calatrava, *Seite 50*

ZUTATEN FÜR VIER PERSON

*1 großer Kabelau, 1 l Wasser,
200 ml frische Milch,
100 ml frische Sahne, 2 Schalotten, 4 g Butter, 500 g Kartoffeln,
4 Gambas, 4 Jakobsmuscheln,*

*trockener Weißwein, Safranfäden,
1 Zitrone, Salz, Pfeffer,
8 Kirschtomaten, Frühlingslauch,
Petersilie*

Cullen Skink ist eine traditionelle herzhafte Fischsuppe aus dem Fischerort Cullen im Nordosten Schottlands. Schließlich ist die Restaurantbetreiberin des *La Calatrava Restaurants* Vanessa Jane Davidson ja auch eine echte Schottin.

ZUBEREITUNG

Den Kabeljau zusammen mit den Schalotten und dem Wasser in einem großen Topf zum Kochen bringen, 20 Minuten köcheln lassen. Die Kartoffeln schälen, in einem separaten Topf kochen und anschließend quetschen. Den Fisch abkühlen lassen, enthäuten, filetieren und in Würfel schneiden.
Den Fischfond durch ein Sieb geben und die Flüssigkeit in einer tiefen Pfanne schwenken. Den gewürfelten Fisch, die Milch, Butter und Sahne dazu geben, aufkochen lassen. Den Kartoffelbrei hinzufügen.

Die Gambas und Jakobsmuscheln separat in nativem Olivenöl anbraten und auf Küchenpapier legen. Den Bratensud mit trockenem Weißwein ablöschen und einreduzieren lassen. Safranfäden, Salz und Pfeffer dazugeben. Eine ungespritzte Zitrone abreiben und gemeinsam mit dem Saft von einer halben Zitrone hinzufügen. Das Ganze erneut etwas einreduzieren lassen.
Alles zum Cullen Skink dazugeben und mit den halbierten Cherrytomaten kurz aufkochen lassen. Mit Petersilie und Frühlingslauch garnieren. Heiß in einem tiefen Teller servieren. Guten Appetit!

Pa amb oli (Brot mit Öl)
Comestibles Can Cabrer, *Seite 52*

ZUTATEN FÜR EINE PERSON

*2 Scheiben mallorquinisches
Weißbrot, 2 kleine Tomaten der
Sorte „ramallet", 1 kleine grüne
Paprika, grüne Oliven der Sorte*

*„empeltre" und ein paar Kapern,
„Flor de Sal d'Es Trenc" natural,
natives Olivenöl „Extra Oli des
Mirant", 100 g „Mahón"-Kä-*

se und/oder 100 g „Serrano"-Schinken, wahlweise

ZUBEREITUNG

Man nehme zwei Scheiben helles mallorquinisches Brot *pa mallorquí,* am besten vom Vortag. Für diese bescheidene, aber so typische Kost werden zwei Tomaten der blassen *ramallet*-Sorte geteilt und die Hälften auf den Brotscheiben ausgedrückt. Nun das Brot mit Meersalz bestreuen; Pep benutzt das *Flor de Sal d'Es Trenc natural* aus den Salinen Mallorcas. Zum Schluss wird das Brot großzügig mit hochwertigem, kalt gepressten Olivenöl beträufelt, Pep empfiehlt das *Oli des Mirant.* Die beiden Brotscheiben kurz zusammendrücken und wieder auseinanderklappen. Die auf Mallorca typische hellgrüne Paprika wird als Beilage in kleine Ringe geschnitten, dazu kommen noch ein paar leicht bittere, in Meerfenchel eingelegte grünen Oliven sowie eine Handvoll Kapern.

Sei es zum Frühstück, als Vesper oder zum Abendbrot, mit Käsescheiben aus Menorca und/oder *Serrano*-Schinken stellt das „mallorquinische Nationalgericht" sogar ein zünftiges Mittagessen dar. Es gibt verschiedenste Varianten, u. a. mit mallorquinischen Wurstspezialitäten oder sogar mit Thunfisch. Was je nach Tageszeit nicht fehlen sollte, ist ein gutes Gläschen Rotwein. Pep bevorzugt den Wein der *Bodega Butxet* aus Muro. Wohl bekomm's!

Süsser Schokoladenblumentopf
Restaurant Andreu Genestra /
Hotel Predi Son Jaumell, *Seite 54*

EIN ETWAS ANSPRUCHSVOLLES
DESSERT - REZEPT FÜR 4 PERSONEN

Helle Kuchenerde:
75 g weiße Schokolade, 75 g But-
ter, 40 g Zucker, 225 g Mehl

Dunkle Kuchenerde:
170 g Butter, 125 g Puderzucker,
220 g Mehl, 70 g Kakaopulver

Schokoladeneis:
2,25 l Milch , 375 g Milchpulver,
600 g Sahne, 630 g Zucker, 90 g
Glukose, 40 g Invertzucker, 45 g
Stabilisator, 100 g dunkle Schoko-
lade, 100 g weiße Schokolade und
100 g Milchschokolade

Schokoladenmousse:
150 g Schokolade, 200 g Sahne,
50 g pasteurisiertes Eiweiß

Der Schokoladenblumentopf:
250 g Schokolade, 25 g Kakao-
butter, Lebensmittelfarbe (braun)

ZUBEREITUNG

Helle Kuchenerde:
Schokolade schmelzen und erst die Butter, dann den Zucker und das
Mehl hinzufügen, bei 180 Grad 9 Minuten backen.
Dunkle Kuchenerde:
Die Butter schlagen, erst mit dem Zuckerguss, dann mit dem zuvor
gesiebten Mehl und dem Kakao vermischen.
Schokoladeneis:
Milch mit Sahne und Invertzucker zum Kochen bringen. Zucker
mit Milchpulver und dem Stabilisator vermischen, bei 45 Grad dem
Milchgemisch hinzugeben und alles aufkochen. In 1,8 Liter Flüssig-
keit 100 g Schokolade auflösen und das Gemisch 6 Stunden ruhen
lassen.
Schokoladenmousse:
Sahne aufkochen und darin die Schokolade auflösen. Das Ganze im
Mixer von unten nach oben ohne viel Luftzufuhr vermengen, auf
20 Grad abkühlen lassen und das Eiweiß mit dem Rührstab unterrühren. Mit der Siphonflasche aufschäumen.

Der Schokoladenblumentopf:
Schokolade und Kakaobutter schmelzen. Als Form einen glatten kleinen Plastikblumentopf benutzen, dessen Wände mit dem Gemisch
ausgekleidet werden. Nach Abkühlung vorsichtig den Schokoladenblumentopf lösen und mit Lebensmittelfarbe anstreichen.
Zum Schluss den Topf vorsichtig abwechselnd mit heller und dunkler
Kuchenerde und einer Kugel Schokoladeneis füllen. Das Ganze mit
dem Mousse und klein geschnittenen Früchten, je nach Jahreszeit beispielsweise Erdbeeren oder anderen roten Früchten, garnieren.
Mit Schwung den süßen Blumentopf auf einem großen weißen Teller
zerschlagen und fertig ist dieses ganz besondere Dessert.

Guten Appetit!

Mallorquinisches Dorsch-Tumbet
mit Kürbis *pil-pil*
Cases de Son Barbassa, *Seite 56*

ZUTATEN FÜR VIER PERSON

Für das Dorschgericht „pil-pil":
200 ml natives Olivenöl extra,
450 g ungesalzener Kabeljau,
4 Knoblauchzehen, 2 scharfe
kleine Chilischoten

Für das Tumbet:
3 mittelgroße Kartoffeln, 1 Zuc-
chini, 1 Aubergine, 200 g Kürbis,
1 rote Paprika, 2 grüne Paprika ,
Tomatensoße für den Tellerboden

ZUBEREITUNG

Kartoffeln, Zucchini, Aubergine und das Kürbisstück in Scheiben schneiden, die rote und grüne Paprika in Würfel. Die Zutaten des Tum-
bets einzeln in Olivenöl frittieren, etwas salzen und in durchlässigen
Schichten in eine quadratische Schüssel übereinander geben, obendrauf kommen die Paprikawürfel. Sind alle frittierten Zutaten aufge-
schichtet, wird das Tumbet in Quadrate geschnitten und in Portionen
aufgeteilt.
Um die *pil-pil*-Soße vorzubereiten, werden die Knoblauchzehen und
die Chilischoten in Öl frittiert. Sobald sie gebräunt sind, werden sie
aus dem Öl genommen und das Öl abkühlen gelassen. Jetzt wird der
Kabeljau mit der Haut nach unten hinzugefügt und bei sehr schwacher Hitze erwärmt, ohne dass er zu kochen anfängt. Die Pfanne langsam in Kreisen bewegen, bis sich eine Soße bildet. Jetzt den Kabeljau
wenden und dabei die Pfanne kreisförmig in Bewegung halten, bis die

Soße eine einheitliche Textur hat.
Den Tellerboden mit der Tomatensauce ausstreichen, das Tumbet
hinzufügen und den Kabeljau mit der *pil-pil*-Soße anrichten und
servieren.

Viel Spaß bei der Zubereitung dieses klassischen mallorquinischen
Sommergerichtes!

Huhn mit Mandelsauce
Son Gener Hotel Rural, *Seite 62*

ZUTATEN FÜR 4 PERSONEN

*1 große Gemüsezwiebel,
1 große Fleischtomate, 2 Esslöffel
Olivenöl, 1 Huhn (ca. 1 kg),
1 Lorbeerblatt, 1 Esslöffel Brandy,
Saft einer halben, frisch gepressten*

*Zitrone, 2 gehäufte EL „Ametlla+
de Mallorca", N°1 (das grüne!),
2 Gläser Wasser, Salz und Pfeffer*

ZUBEREITUNG

Zwiebel in kleine Würfel schneiden und in kalt gepresstem Olivenöl in einer tiefen Pfanne so lange anbraten, bis sie goldgelb geworden sind. Tomate kreuzförmig einritzen, 1 Minute in heißem Wasser kochen, herausnehmen, kurz abkühlen lassen, die Haut entfernen und ebenfalls in kleine Würfel schneiden. Mit der Zwiebel, dem Lorbeerblatt, dem Brandy, dem Wasser, einer Prise Salz, Pfeffer sowie dem Saft einer halben Zitrone einige Minuten köcheln lassen. Gelegentlich umrühren. Zum Schluss das pikante Mandelgewürz *Ametlla+ N°1* und das in mehrere Teile geschnittene Huhn hinzugeben, das von der Masse bedeckt sein sollte. Auf niedriger Stufe, mit geschlossenem Deckel, 30 bis 40 Minuten weiterkochen.
Als Beilage eignen sich hervorragend Basmatireis oder Kartoffeln und ein frischer Blattsalat mit Tomaten und Avocados.

Tipp:
Am geschmackvollsten ist ein frei laufendes, glückliches Huhn vom Land. Sie erkennen es an seinem gelben Fleisch!

Carpaccio von Gambas aus Sóller mit mallorquinischem *Trempó*-Salat, Krustentier-*Bisque* & Kaviar
Es Pati, *Seite 64*

ZUTATEN FÜR 4 PERSONEN

*10 mittelgroße Gambas aus Sóller
Für den Trempó-Salat:
3 Paprika rot, gelb, grün,
2 Tomaten, 1 rote Zwiebel,
1 Knoblauchzehe, Basilikum,
Petersilie, 1 Zitrone, kalt
gepresstes Olivenöl, Salz, Pfeffer,
Muschelfond.
Für die Venusmuscheln:
500 g Venusmuscheln, 1 Zwiebel,*

*1 Tomate , 1 rote Chili, 1 Messerspitze, süßer Paprika, Thymian, Petersilie, kalt gepresstes Olivenöl, Salz, Pfeffer.
Für die Krustentier-Bisque:
Schalen von den Sóller-Gambas, 1 Mire Poix, 1/2 Zwiebel, 1/2 Knoblauchzehe, 1 Teelöffel Tomatenmark, 1 Löffel Koriandersamen, 6 cl Brandy, 2 cl weißen*

*Portwein, 100 ml Weißwein, 2 cl „Noilly Prat", 2 cl „Martini", 2 cl „Pernod", 500 ml Sahne mit 35% Fettgehalt, Salz, Pfeffer, 1 kalte Butterflocke.
Für die Dekoration:
1 Kalmar, frittierte Ruccola-Blätter, Schnittlauch, Gambasbrot*

ZUBEREITUNG

Gambas schälen, entdarmen. Zwischen zwei Backofenpapieren vorsichtig mit Plattiereisen oder Topf plattieren, 24 Stunden tiefkühlen. Venusmuscheln in heißer Pfanne anschwenken, Knoblauch, roten Chili, süße Paprika und Zwiebeln dazugeben, mit Weißwein ablöschen, abgedeckt 1 Minute köcheln lassen. Tomate würfeln, mit Kräutern und Muscheln gut vermischen. 1 Minute köcheln. Abkühlen lassen, entschalen, Muschelfond passieren und aufheben.
Gambasschalen rösten, Mire Poix, Zwiebel, Knoblauch, Koriandersamen dazugeben, 2 Minuten anschwitzen. Tomatenmark dazugeben, mit Brandy ablöschen, flambieren. Mit Rest-Alkohol 5 Minuten köcheln lassen, Sahne dazugeben, 20 Minuten köcheln lassen. Niemals aufkochen lassen! Die Bisque passieren, mit Salz und Pfeffer abschmecken. Paprika entkernen und ebenso wie Tomate und Zwiebel würfeln. Knoblauch schälen, in Scheiben schneiden. Mit Petersilie, Basilikum, Zitronensaft, Muschelfond, Venusmuscheln und Olivenöl, Salz und Pfeffer vermischen und abschmecken.

Aus dem gefrorenen Gamba-Carpaccio vier Kreise ausstechen, bis zum Anrichten in den Tiefkühler geben. Kalmar säubern, 1 Minute von jeder Seite scharf anbraten. Petersilie und Gambabrot in 160 Grad heißem Fett ausbacken.
Anrichten:
Ausstechform in tiefen Teller setzen, den Trempó-Salat hineingeben. Obendrauf das Carpaccio, mit Olivenöl und Salz würzen. Bisque erwärmen, Butterflocke hinzufügen. Mit dem Löffel die schaumige Krustentier-Bisque in den Teller geben, einen Nocken Kaviar, den Kalmar, Gambasbrot und Rucola auf das Carpaccio setzen. Mit Schnittlauch bestreut servieren.

Coca de Atún
La Reserva Rotana
Private Golf and Wine Resort, *Seite 66*

ZUTATEN FÜR 4 PERSONEN

300 g Thunfisch, frisch
(Sushi - Qualität), 3 Rote Zwie-
beln, 3 Rote Paprika, 20 g Pas-
spierre- Algen, 1 Blatt Strudelteig,

Olivenöl, Salz, Pfeffer,
Limettensaft, Dill, Thymian,
Rosmarin

ZUBEREITUNG

Konfierte rote Zwiebeln:

Rote Zwiebeln schälen und von Strunk befreien. In Spalten schneiden, mit Salz und Pfeffer würzen. Auf einem mit Backpapier belegten Backblech verteilen. Thymian und Rosmarin hinzufügen, mit Olivenöl beträufeln. Bei 120 Grad circa 2 Stunden konfieren.

Konfierte rote Paprika:

Paprika von Kerngehäuse befreien. Mit der Hautseite nach oben auf ein Backblech legen. Mit Salz, Pfeffer, Rosmarin, Thymian würzen. Mit Olivenöl beträufeln. Bei 120 Grad mit den Zwiebeln circa 60 Minuten konfieren. Nach dem Garvorgang die Haut der Paprika abziehen und in eine beliebige Form schneiden.

Thunfisch:

Den ganzen Thunfisch zunächst in feine Würfel schneiden. Mit Salz, Limonensaft, Olivenöl abschmecken und kühl stellen. Nun 100 g Thunfisch in eine rechteckige Form bringen (15 mal 4 cm, Tataki vom Thunfisch). Jede Seite 10 Sekunden anbraten, kühl stellen. Mit einem

scharfen Messer 3 cm dicke Scheiben schneiden. Rohen Thunfisch in dünne Scheiben schneiden, mit Olivenöl, Salz und Limonensalz würzen.

Strudelteig:

Den Strudelteig rund ausstechen und in Olivenöl goldbraun backen, mit Salz würzen.

Anrichten:

Strudelteig auf den Teller legen. Mit Paprika und konfierten Zwiebeln belegen. Thunfischtartar in Form bringen und auf dem Strudel platzieren. Mariniertes Sashimi auf dem Strudelblatt verteilen. Tataki neben dem Thunfischtartar platzieren, mit Meersalz abschmecken und mit Dill garnieren. Passpierre-Algen mit Olivenöl marinieren und garnieren. Mit etwas Meersalz und ein paar Tropfen Olivenöl vollenden.

Guten Appetit!

Seeteufel mit Parmesanrisotto und Kirschtomaten
Colón, *Seite 68*

ZUTATEN FÜR VIER PERSONEN

800 g geputztes Seeteufelfilet (vom
Fischhändler Ihres Vertrauens
parieren lassen), 200 g Kirsch-
tomaten, 4 Stangen Lauchzwie-
bel, 1 Knoblauchzehe, 200 g

Risotto-Reis „Aborio", 1 kleine
Zwiebel, 10 Blätter Basilikum,
300 ml guten frischen Weißwein,
1 Suppenwürfel, 50 g geriebener
Parmesan, Butter, 1 Zwiebel,

1 Stange Stangensellerie,
1 Lorbeerblatt, 10 Pfefferkörner,
400 ml frischer Weißwein,
500 ml Sahne, 50 g Butter und
1 Zitrone

ZUBEREITUNG

Sauce:

Zwiebel und Stangensellerie klein schneiden und in Butter kurz anschwitzen. Mit Weißwein ablöschen, Pfefferkörner, Lorbeer, Saft von einer Zitrone und die Hälfte des Suppenwürfels dazugeben. Auf zwei Drittel reduzieren lassen. Die Sahne dazugeben, einmal aufkochen. Abseihen und vor dem Anrichten mit der kalten Butter mit dem Stabmixer aufmixen.

Risotto:

Zwiebel schälen und fein schneiden, in Butter anschwitzen. Reis, Weißwein und circa einen halben Liter Wasser dazugeben. Den restlichen Suppenwürfel von der Sauce hineinbröckeln. Den Risotto bissfest kochen, vor dem Anrichten Butter und Parmesan dazugeben, bis es schön sämig ist. Zum Schluss das grob gehackte Basilikum dazugeben. Mit Salz und Pfeffer abschmecken.

Tomaten:

Olivenöl erhitzen, die fein geschnittene Jungzwiebel sowie den klein

gehackten Knoblauch dazugeben, kurz anschwitzen, dann die halbierten Kirschtomaten hinzufügen und circa 2 Minuten weiter brutzeln lassen. Mit Salz und Pfeffer abschmecken.

Seeteufel:

Die Seeteufelfilets mit Salz und Zitronensaft würzen. Olivenöl in einer Pfanne erhitzen. Die Filets einlegen und rundherum goldbraun braten, bis sie innen glasig sind. Nach zwei Drittel des Bratvorgangs ein Stück Butter und eine zerdrückte Knoblauchzehe dazugeben, mit dem Bratensaft übergießen und servieren.

Guten Appetit!

Lammkarree an Tomaten-Aprikosen-Ragout mit *Pomme Parisienne* und *Ratatouille*
Pura Vida, *Seite 74*

ZUTATEN FÜR 4 PERSONEN

Lammkarree:
4 Portionen Lammkarree, 1 Bund
Thymian, 1 Bund Rosmarin,
2 Knoblauchzehen, Salz, Pfeffer,
etwas Butter.
Kartoffeln:
8 mittelgroße Kartoffeln,
1/2 Bund Petersilie

Tomaten-Aprikosen-Ragout:
2 Schalotten, 100 g Walnüsse,
100 g getrocknete Aprikosen,
60 g getrocknete Tomaten, Honig
Ratatouille:
1 große Aubergine, 2 große
Zucchini, 2 rote Paprikaschoten,
2 gelbe Paprikaschoten, 1 große

Gemüsezwiebel, 4 Knoblauch-
zehen, 1 große Dose geschälte
Tomaten, ½ Tube Tomatenmark,
1 TL Rosmarin, 1 EL Thymian,
1 EL Salbei, 2 EL Zucker,
100 ml Olivenöl, etwas Meersalz
und schwarzen Pfeffer aus der
Mühle

ZUBEREITUNG

Ratatouille:
Das Gemüse waschen, putzen und in mundgerechte Stücke schneiden. Die Zwiebel grob würfeln, den Knoblauch fein hacken. Kräuter waschen und hacken. Die Auberginenstücke einsalzen und mindestens 10 Minuten ziehen lassen, dann gründlich abtupfen. In einer großen Pfanne mit hohem Rand das Olivenöl erhitzen. Zwiebel und Zucchini darin anbraten, die Paprika zugeben und als letztes die Aubergine zufügen. Etwa 5 Minuten kräftig anbraten. Tomatenmark zugeben und unterrühren, salzen und pfeffern, den Knoblauch und die Kräuter sowie die geschälten Tomaten und den Zucker zugeben. Herd auf mittlere Flamme stellen und etwa 20 Minuten köcheln lassen, wenn nötig, etwas Wasser zufügen. Das Gemüse sollte noch etwas Biss haben.

Tomaten-Aprikosen-Ragout:
Walnüsse, getrocknete Tomaten und getrocknete Aprikosen zerkleinern. Schalotten in Würfel schneiden. In einer Pfanne Butter zerlassen, die Walnüsse leicht anbraten. Danach die Schalotten, Tomaten und Aprikosen zugeben. Leicht erhitzen. Nun Honig und frischen Thymian zugeben, zum Schluss leicht salzen.

Lammkarree:
Das küchenfertige Lammkarree in einer heißen Pfanne von beiden Seiten scharf anbraten, mit Salz und Pfeffer würzen. Fleisch entnehmen und auf ein Backblech geben. Etwas Butter in der Pfanne zerlassen, Knoblauchscheiben, Thymian und Rosmarin kurz angehen lassen und über das Fleisch geben. Im vorgeheizten Ofen bei 170 Grad circa 15 Minuten fertig garen.

Pomme Parisienne:
Kartoffeln schälen und mit einem Parisienne-Ausstecher circa 10 Kügelchen pro Person ausstechen. Im Salzwasser garen. Danach die Kartoffeln in einer Pfanne mit Butter anbraten, leicht salzen und die gehackte Petersilie zugeben und danach alles zusammen anrichten.

Wohl bekomm's!

Tapas-Variation Spezial
Restaurant Santanyí, *Seite 76*

ZUTATEN FÜR 2 PERSONENN

Für die Datteln mit Speck:
7 Datteln, 7 Scheiben Speck
Für die „pimientos de padrón"
(ganz kleine grüne Paprika):
7 „pimientos de padrón", grobes
Meersalz.
Für die „allioli" (Knoblauchma-
yonnaise): 200 ml Milch, 1 Liter
Öl, 2 Knoblauchzehen, Salz,
Pfeffer.
Für die Lachsröllchen:

1 Kelle Crêpeteig, 2 EL Kräuter-
quark, 3 Scheiben geräucherter
Lachs, ein paar Blätter Rucola
Für die Chili-Gambas:
7 Gambas, Chili, Salz, Kno-
blauch.
Für die „Serrano"-Röllchen:
4 Scheiben „Serrano"-Schinken,
2 EL Parmesan, etwas Rucola.
Für den eingelegten Fetakäse:
150 g Fetakäse, 1 Zwiebel,

Rosmarin, Thymian.
Für die Tortilla:
3 Eier, Salz, Pfeffer, ½ Zucchini
4 kleine Scheiben spanischer
Wurst, z. B. „chorizo", 4 Scheiben
spanischer Käse nach Wahl
3 EL Oliven und etwas Schale
einer ungespritzten Orange
Für die Dekoration:
Obststücke nach Wahl

ZUBEREITUNG

Datteln im Speckmantel:
Datteln in Speckscheiben einrollen und in der Fritteuse in Olivenöl goldgelb frittieren.
Pimientos de Padrón in der Fritteuse frittieren und mit grobem Meersalz salzen.
Für das Allioli die Milch, den Knoblauch, Salz und Pfeffer in einem hohen Gefäß mit dem Pürierstab mixen, langsam das Öl hinzufügen und so lange weiter mixen, bis die Textur cremig ist.

Lachsröllchen:
Crêpeteig im Ofen backen und auskühlen lassen, mit Kräuterquark bestreichen, mit 3 Scheiben Räucherlachs und etwas Rucola belegen, aufrollen und in 3 bis 4 Scheiben schneiden.
Gambas in der Pfanne mit Chili, Salz und Knoblauch kurz anbraten.

„Serrano"-Röllchen:
Schinken mit Parmesan und Rucola einrollen.

Fetakäse in Würfel schneiden, in Öl einlegen, fein gehackte Zwiebeln dazugeben, mit Rosmarin und Thymian würzen.
Für die Tortilla die Eier mit Pfeffer und Salz würzen und mit sehr dünnen Zucchinischeiben langsam in der Pfanne stocken lassen.

„Patatas Bravas":
Rohe Kartoffeln würfeln, frittieren, mit Salz und Pfeffer würzen, in eine Schale mit dem Allioli geben und überbacken.
Wurst und Käse anordnen.
Ein paar Oliven in Orangenzesten (hauchdünne Streifen der Schale) in einer kleinen Schüssel bereitstellen.

Tapas separat auf einem großen Teller anrichten, mit ein paar Obststückchen dekorieren. Guten Appetit!

Dorade gefüllt mit frischen Inselkräutern, provenzalischem Gemüsebouquet und Spiralkartöffelchen.
Hotel Santanyí, *Seite 78*

ZUTATEN FÜR 2 PERSONEN

*1 frische Dorade, 1 rote Paprika,
1 gelbe Paprika, 1 Zucchini,
1 Aubergine, 1 Thymianzweig,
1 Rosmarinzweig, 1 Lauchstange,*

*1 Knoblauchzehe,
4 Kartoffeln, Olivenöl, Butter,
Salz, Pfeffer*

ZUBEREITUNG

Das Gemüse sorgfältig putzen. Die beiden Paprika, die Zucchini und die Aubergine jeweils in vier circa 10 cm lange Streifen schneiden. Die Knoblauchzehen ganz fein schneiden und mit der Butter vermischen. Die Gemüsestreifen leicht in der Knoblauchbutter anbraten, salzen und zur Seite stellen. Den Lauch länglich schneiden und zwei circa 1 cm breite Streifen kurz in heißem Salzwasser blanchieren. Aus den Gemüsestreifen ein Bündchen machen und mit dem Lauch zusammenbinden.

Mit einem scharfen Messer die Dorade von oben einschneiden und die Mittelgräte entfernen. Von innen mit den frischen Kräutern würzen, anschließend salzen und pfeffern. Nun die Dorade in einer heißen Pfanne von beiden Seiten scharf in Öl anbraten, dabei aber nicht fertig garen!

Den Fisch entnehmen, hochkant auf ein Backblech legen, mit dem Gemüsebund füllen und im Ofen 15 Minuten bei circa 160 Grad garen.

Währenddessen die Kartoffeln schälen, kochen und mit einer Ausstechform ausstechen. Anrichten und heiß servieren. Dazu wird der Castell Miguel Wein *Stairway to heaven* empfohlen.

Lassen Sie es sich schmecken!

Calamar de Potera – Kalmar in eigener Tinte
Bodega Barahona
Casa Manolo, *Seite 80*

ZUTATEN FÜR 2 PERSONEN

*1 sehr frischer Kalmar,
Natives Olivenöl Extra, Manolo
benutzt kaltgepresstes Öl aus
Sóller*

*Salz „Casa Manolo" speziell für
„Calamar de Potera" (Inhaltsstoffe: „Flor de Sal", Zitrone, Petersilie, Knoblauch und schwarzer
Pfeffer)*

ZUBEREITUNG

Der frische, ungesäuberte Tintenfisch wird in der Pfanne kurz von beiden Seiten gar gebraten. Nun wird der Kalmar mit dem Spezialsalz *calamar de potera* aus dem Hause Manolo gewürzt und einige Tropfen kaltgepresstes Olivenöl dazugegeben. Jetzt wird er auf einer Platte in kleine Stücke geschnitten, noch einmal kurz im Ofen erwärmt und serviert. Bereits auf dem Teller erneut ein paar Tropfen Olivenöl und etwas von der Salzmischung hinzugeben.

Das war es schon - Manolo wünscht *bon profit!* (guten Appetit!)

Anekdote:

Warum wird der Kalmar nicht großartig geputzt?

Dazu erzählt Manolo eine kleine Anekdote: „Vor etwa 30 Jahren fischte ich mit meine Fischerfreunden Tintenfische. Es war drei Uhr morgens und wir hatten Hunger. Wir nahmen einen Kalmar und grillten ihn so, wie er war, über der Öllampe, die wir zum

Fischen benutzten. Zum Glück hatten wir etwas Olivenöl dabei. Mit unseren Messern haben wir den Kalmar aufgeteilt und verspeist. Nie zuvor hatte ich etwas Frischeres und Köstlicheres gegessen! Seitdem kommen bei mir nur „unmanipulierte" Tintenfische auf den Tisch, natürlich immer unter der Voraussetzung, dass sie ganz frisch sind!"

Übrigens:

„Potera" wird der spezielle Angelhaken genannt, mit dem der Kalmar geangelt wird. Dank der reichen Poseidon-Seegrasvorkommen an Mallorcas Südküste braucht man sich um den Bestand der Tintenfische nicht zu sorgen. Da kann Manolo in seiner Freizeit, im Winter, sogar beruhigt selber angeln gehen.

Asado de carne – Fleischteller mit Spezialsalz *Casa Manolo*
Asador es Teatre, *Seite 82*

ZUTATEN FÜR 4 PERSONEN

Frisches Fleisch nach eigener Wahl: Schweinelende, Spanferkel oder Hühnchen
100 ml Natives Olivenöl Extra, 250 ml Sonnenblumenöl, 220 ml Wasser, 1 EL trockener Jerez-Sherry, 1 EL Brandy,

1 TL Amazonas-Rum, 1 TL rotes Paprikagewürz, ½ TL Safran oder Lebensmittelfarbstoff, 3 Tomaten der Sorte ramallet, 50 g Leber vom Huhn, Lamm oder Spanferkel, Salz „Casa Manolo" speziell für „asado de carne"

(Inhaltsstoffe: Salz „Flor de Sal", Pinienkerne, Mandeln, Nüsse, schwarzer Pfeffer, süßes Paprikagewürz, Kurkuma, Knoblauch, Zitrone)

ZUBEREITUNG

Das Fleisch würfeln und ein paar Stunden vor der Zubereitung mit normalem Salz, gemahlener Paprika und etwas Zitrone würzen. Einen ordentlichen Schuss kaltgepresstes Olivenöl in eine Pfanne geben und das Fleisch anbraten. Die Tomaten kochen, schälen und zerkleinern. Die Leber braten und zerkleinern. In einem Extratopf werden alle anderen Zutaten miteinander verquirlt, so erhält man eine Soße. Zu dieser speziellen Soße wird ein Esslöffel des Spezialsalzes aus dem Hause Manolo für das *asado de carne* gegeben. Nun wird das Fleisch damit übergossen, bevor es in den Ofen gegeben wird, nach der Hälfte der Garzeit wird es erneut mit der Soße begossen und ein letztes Mal noch einmal kurz vor dem Servieren. Lassen Sie sich dieses köstliche Fleischgericht schmecken! Dazu passen ein frischer gemischter Salat, gekochtes oder gebratenes Gemüse, Kartöffelchen oder Pommes Frites.

Die Salze des Manolo
Vier Salzmischungen mit Rezept für die Lieblingsspeisen aus der Casa Manolo
Bodega Barahona Casa Manolo, *Seite 80*
und Asador es Teatre, *Seite 82*

Für den Gastwirt des legendären Fischrestaurants an der Südküste Mallorcas ist das Salz des Mittelmeeres heilig. Schon als Kind kletterte Manolo in die Klippen und kratzte die Salzkruste aus den Felsen, die Mallorquiner nennen dieses Salz *sal de cocó*. Die obere Salzschicht ist das hochwertige, sehr mineral- und magnesiumreiche *Flor de Sal*, die „Salzblume".

Heute hat Manolo, der „Salinere" (Einwohner aus Ses Salines), seine eigene Salzmarke. Denn das Reich des Gourmets ist das Meer – und der Fisch, zu dem natürliches Salz gehört, das nach Meer (und mehr) schmeckt. Noch heute fährt Manolo mit seinen sieben Enkeln im Boot zu den unberührten Inselchen vor der Küste und „erntet" selbst. Als Familienspektakel macht das Salzschöpfen Spaß, obwohl mühselig gebückt per Hand geerntet wird. Für die eigene Produktion im Juni, wenn die Salzblume mit 25 Prozent Regenwasseranteil „reif" ist, hat er professionelle Unterstützung.

Manolos Salz besticht durch inseltypische Zutaten. Rezepte auf den Gläsern laden auf Spanisch und Englisch zum Kochen ein. Manolos berühmter Fisch im Salzmantel bedarf einer Würze mit weißem Pfeffer und Zitrone. Den Kalmar in eigener Tinte verfeinert Salz mit Zitrone, Petersilie, Knoblauch und schwarzem Pfeffer. Das *pa amb oli* schmeckt nach grünen Oliven der Sorte empeltre und etwas Knoblauch. Fleischgerichte werden mit einer Mischung aus Mandeln, Pinienkernen, Nüssen, schwarzem Pfeffer, süßem Paprika, Knoblauch und Zitrone zubereitet.

Authentische Mallorcaprodukte, die dank der lachenden Fischgräte, Manolos Logo, nett anzuschauen sind und in Ses Salines in den Restaurants *Casa Manolo* und *Asador es Teatre* verkauft werden.

Crème Brulée
**Cassai Gran Café
& Restaurant,** *Seite 84*

ZUTATEN FÜR 8 PERSONEN

*900 ml Sahne, 300 ml Milch,
200 g Zucker, 10 bis 11 Eigelb,
1 ganzes Ei, 2 Vanilleschoten*

ZUBEREITUNG

In einem großen Topf die Sahne, die Milch und das Mark der Vanilleschote unter ständigem Rühren vermischen und kurz aufkochen lassen. Das Eigelb und den Zucker in einem anderen Gefäß mit einem Rührbesen so lange schlagen, bis sich das Volumen verdopppelt hat und eine hellgelbe Masse entstanden ist. Nun langsam die warme Sahne-Milch-Mischung hineingießen und unter ständigem Rühren gut miteinander verbinden. Die so entstandene Flüssigkeit in einen entsprechend großen, flachen Behälter geben und im Backofen bei 100 Grad 3 Stunden lang ruhen lassen, bis sich eine schnittfeste Masse gebildet hat. Herausnehmen, abkühlen lassen und in kleine Portionen teilen.

Lassen Sie es sich schmecken!

Schokoladen- und Olivenöl- Trüffel mit *Flor de Sal*,
roter Paprika und Himbeer-Gelee
Der Mallorquiner, *Seite 92*

ZUTATEN UND ZUBEREITUNG

Trüffel:

100 ml Sahne, 150 ml Milch, 250 g dunkle Schokolade (mindestens 70 Prozent Kakaoanteil, in Stücken), 80 ml Olivenöl, 10 ml Grand Marnier, Flor de Sal.
Die Milch mit der Sahne und dem Grand Marnier in einem Topf erhitzen. Über die Schokoladenstücke gießen und schmelzen lassen. Das Olivenöl mit einem Schneebesen einrühren und alles in ein tiefes Gefäß geben. Mindestens 6 Stunden kalt stellen – am besten über Nacht.
Gelee:
135 g rote Paprika, 150 g Himbeeren, 5 ml Himbeeressig, 3 Blätter Gelatine, 35 ml Zuckersirup.
Die Gelatine in kaltem Wasser 5 Minuten einweichen. Den Zuckersirup aufkochen, vom Herd nehmen und die ausgedrückte Gelatine darin auflösen. Rote Paprika mit der Haut nach oben in den Backofen legen und leicht anrösten. Herausnehmen, die Haut abziehen. Danach die Himbeeren mit einem Mixer pürieren.
Nun die Paprika, das Himbeerpüree und den Himbeeressig in einen Mixer geben, den Zuckersirup hinzufügen und eine Minute lang mischen. In ein flaches Plastikgefäß füllen und einige Stunden lang kalt stellen.
Serviervorschlag:
Das Gelee in gleichmäßige Würfel schneiden und auf vier Teller verteilen. Mit einem heißen Löffel Nocken vom Schokoladentrüffel ziehen und auf den Tellern anrichten. Anschließend etwas *Flor de Sal* auf die Schokoladennocken streuen.

Guten Appetit!

Schokoladenkuchen
Spezialrezept
Rialto Living, *Seite 98*

ZUTATEN FÜR EINE PERSON

*250 g dunkle Schokolade
(70 Prozent Kakaoanteil),
175 g Butter, 5 frische Eier,*

*250 g Zucker, 100 g Mehl, 200 g
fein geriebenes Mandelmehl,
1 TL Hefepulver*

ZUBEREITUNG

Für das Schmelzen der Schokolade in einem Topf Wasser erhitzen. Die dunkle Schokolade mit 70 prozentigen Kakaoanteilen gemeinsam mit der Butter in eine Edelstahlschüssel geben und die Schüssel vorsichtig in den Topf stellen, ohne das Wasser dazukommt. Dabei mit einem Holzlöffel oder Gummispachtel die Schokolade und Butter so lange bei schwacher Hitze rühren, bis beide schmelzen. Wenn die Butter und Schokolade geschmolzen und vermischt sind, vom Feuer nehmen und beiseitestellen.

Die fünf Eier trennen und das Eiweiß mit einem Rührstab oder elektrischem Mixer schlagen und dabei die Hälfte des Zuckers hinzugeben. Ist das Eiweiß steif geschlagen, wird das Gemisch in eine Extra-Schüssel gegeben. Nun das Eigelb mit dem restlichen Zucker mit dem Mixer vermischen und schrittweise die Mischung aus geschmolzener Schokolade und zerlassener Butter hinzugeben. Den Mixer herausnehmen und mit einem Gummispachtel vorsichtig das steifgeschlagene Eiweiß hinzugeben und darauf achten, dass es nicht zusammenfällt.

Jetzt das Mandelmehl mit dem normalen Mehl und dem Hefepulver vermischen und vorsichtig, und ohne zu viel zu rühren, in die erste Mischung streuen. Den Teig in eine runde Kuchenform geben, die zuvor mit Backpapier ausgelegt wurde und im vorgeheizten Ofen 35 Minuten bei 170 Grad backen. Abkühlen lassen, einen Kaffee dazu kochen und diese schnell zubereitete Schokoladenköstlichkeit in netter Gesellschaft genießen!

Guten Appetit!

Lammkarree in Kräuterkruste mit *Sobrassada*
Restaurant im Hotel Cort, *Seite 100*

ZUTATEN FÜR 2 PERSONEN

*1 Lammkarree, im Ganzen, mit
6 Rippen, frische Kräuter (nach
Geschmack), wie Rosmarin, Dill,
Thymian, Oregano, Estragon,*

*Salbei, Petersilie etc., Dijon-Senf,
20 g Sobrassada (typisch mallorquinische, luftgetrocknete
Paprikawurst aus Schweinehack-*

*fleisch), 50 g Butter, Weißbrot
ohne Rand, 2 Knoblauchzehen,
Olivenöl Virgen Extra, Salz,
Pfeffer*

ZUBEREITUNG

Einen Esslöffel Olivenöl mit zwei ganzen, geschälten Knoblauchzehen und einem Rosmarinzweig in eine Pfanne geben und auf niedriger Stufe erhitzen.

Das Fleisch rundherum salzen und pfeffern und von allen Seiten anbraten, damit es eine gleichmäßige, leicht goldene Farbe annimmt. Vom Herd nehmen und abkühlen lassen.

Nun das Brot im Backofen kurz aufbacken. Wichtig: Es darf seine Farbe nicht verändern, sollte also nicht braun werden! In kleine Stücke schneiden, mit einer kleinen Menge der gehackten Kräuter vermischen. Nun Butter und Sobrassada in einer Pfanne erhitzen, das Kräuterbrot dazugeben und kurz anbraten.

Das Lamm zuerst mit Senf und danach der Masse aus Brot, Kräutern und Sobrassada bestreichen, in den auf 200 Grad vorgeheizten Backofen geben und 10 Minuten lang braten. Wichtig: Das Lamm muss im Inneren rosa sein!

Zum Schluss das Lammkarree in zwei Hälften trennen, auf dem Teller mit den Rippen nach oben anrichten.

Als Beilage eignen sich hervorragend gratinierte Kartoffeln und kurz blanchiertes Gemüse mit Biss.

Bon profit!

Garnelen-Ceviche
Restaurant im Hotel Cort, *Seite 100*

ZUTATEN FÜR 2 PERSONEN

16 Garnelenschwänze, geschält und gesäubert, 2 rote Zwiebeln, 4 Limetten, 2 Orangen, 2 Teelöffel Koriander, 2 Tomaten, 2 rote

Paprikaschoten, 2 gelbe Paprikaschoten, einige Blätter grüner Salat

ZUBEREITUNG

Garnelenschwänze kurz sieden und dann in Wasser mit Eiswürfeln abkühlen. Danach 5 Minuten lang in dem Saft der frisch gepressten Limetten ziehen lassen. Das Wasser, in dem die Garnelen gekocht wurden, bitte aufbewahren.
Zwiebeln in dünne Scheiben schneiden, kurz in kaltem Wasser schwenken, abtropfen, mit einer Prise Salz bestreuen und ruhen lassen. Koriander fein hacken und Tomate in Würfel schneiden.
Die Kerne der Paprikaschoten entfernen und in dünne Streifen schneiden.
Garnelenschwänze, Limettensaft, Zwiebeln, Tomaten, Koriander und Paprikaschoten in eine Schüssel geben. Saft einer frisch gepressten halben Orange zusammen mit einer kleinen Tasse von dem Wasser, in dem die Garnelen gekocht wurden, zugeben. Gut umrühren, Salz hinzugeben.
In einem tiefen Teller auf Salatblättern anrichten.

Bon profit!

Pakoras und ihre Saucen
Sazón, *Seite 102*

ZUBEREITUNG UND ZUTATEN
FÜR 8 BIS 10 PERSONEN

Für den Teig:
2 Tassen Kichererbsenmehl, 1 TL rote Chilischote, Kümmelkerne, 1 Prise Hefe oder Natron, Salz, 4 bis 6 Kartoffeln, 1 Blumenkohl, 1 Bund Karotten, 2 bis 3 Zwiebeln, 2 bis 3 weiße oder grüne Zucchini oder einige Scheiben Kürbis, 1 Aubergine, 1 bis 2 Brokkoli.
In einer großen Schüssel das Kichererbsenmehl, Hefe (oder Natron), Kümmelkerne, Salz und die fein gehackte rote Chilischote (Achtung, sehr scharf, nicht zu viel nehmen!) mischen und langsam lauwarmes Wasser zufügen. So lange mit einem großen Löffel rühren, bis eine cremige Masse entsteht. Wichtig: Die Masse darf weder zu flüssig noch zu fest sein, damit sie gut frittiert werden kann. Entsprechend mit Wasser und Mehl abmischen.
In Würfel oder Scheiben geschnittenes Gemüse komplett in die Kichererbsenmasse tauchen und circa 2 Minuten in heißem Öl frittieren. Es geht natürlich auch in der Frittiermaschine.
Vor dem Servieren auf einem Küchenpapier abtropfen lassen.

Für die Saucen:
Chutney aus Minze und Koriander:
2 Becher Naturjoghurt, 10 g Koriander, 5 g Minze, 1 grüne Paprika, ¼ Löffel Ingwerpaste, ¼ Knoblauchzehe, ¼ Teelöffel Marsala, Zitrone und Salz.
Alles miteinander vermischen und zu den Pakoras reichen.
Sauce aus Johannisbrot und Banane:
250 g Tamarindenpaste, 2 Bananen, 500 g Zucker, 600 g Wasser, 25 g Ingwer, 2 Knoblauchzehen, 1 Zimtstange, Salz.
Alles miteinander vermischen und zu den Pakoras reichen.

Anrichten und genießen – wohl bekomm's!

Zitronencreme, Dukkah, Kirsch-Rosenwasser-Sorbet & Ras-Al-Hanout-Karamell
Simply Fosh, *Seite 104*

ZUTATEN
FÜR 6 BIS 8 PERSONEN

Zitronencreme:

7 Eigelb (vorzugsweise von glücklichen Hühnern!), 75 g Zucker, 25 g Mehl, 1 TL Maismehl, 400 ml Milch, 100 ml Sahne, 1 Vanilleschote, Saft von 1 Zitrone, 1 TL eingelegte Zitronen, fein gehackt.

In einer großen Schüssel Eigelb und Zucker mischen, Mehl und Maismehl langsam unterrühren. Milch, Sahne und Vanilleschote unter ständigem Rühren in einem Topf mit dickem Boden kurz aufkochen und circa 2 Minuten lang köcheln. Den Topf vom Herd nehmen, heiße Milch auf die Ei-Mehl-Masse gießen und 1 bis 2 Minuten lang gut mischen. Danach wieder in die Pfanne geben. Auf niedriger Stufe ständig rühren, bis die Masse eindickt. Vom Herd nehmen, Zitronensaft und die gehackten, eingelegten Zitronen hinzugeben, gut mischen. Nun durch ein feines Sieb in eine saubere Schüssel geben. Mit Klarsichtfolie abdecken und mindestens 4 Stunden lang kalt stellen.

Dukkah:

Dukkah ist eine afrikanisch-orientalische Nuss-Gewürzmischung.
Zutaten: 150 g Sesam, 120 g Koriandersamen, 250 g Haselnüsse, 75 g Kümmel.

Samen und Nüsse auf einem Backblech bei 180 Grad leicht rösten, bis sie einen goldgelben Ton annehmen und ihr Aroma entfalten. Alles zusammen in einer Getreidemühle kurz mahlen.

Kirsch-Rosenwasser-Sorbet:

180 g Zucker, 250 ml Wasser, Saft von ½ Zitrone, 450 g frische Kirschen, entsteint, 1 TL Rosenwassersirup.

Alle Zutaten in einem Topf zum Kochen bringen. Mit einem Pürierstab pürieren. Durch ein feines Sieb passieren und in einer Eismaschine so lange mischen, bis sich eine homogene, zähflüssige Masse gebildet hat.

„Ras-al-Hanout"-Karamell:

220 g Zucker, 100 ml Wasser, 80 g Butter, 2 EL Sahne, 1 Teelöffel „Ras al Hanout" („Ras al Hanout" ist eine marokkanische Gewürzmischung).

Zucker und Wasser in einer Pfanne mit dickem Boden zum Kochen bringen, bis es eine zähflüssige, karamellige Masse gibt, die eine dunkelbraune Farbe angenommen hat. Vom Herd nehmen, unter ständigem Rühren langsam Butter und Sahne untermischen. „Ras al Hanout" zufügen, zum Schluss die Sauce durch ein feines Sieb passieren.

Serviervorschlag:

Eine Ringform in die Mitte eines Tellers legen und 4 Esslöffel der Zitronencreme hineingeben. Die Oberseite mit Dukkah bestreuen und den Ring entfernen. Mit Kirsch-Rosenwasser-Sorbet und „Ras-al-Hanout"- Karamell servieren.

Bon profit!

Gegrillte Kalbskoteletts
Otto Mare, *Seite 108*

ZUTATEN

2 EL kaltgepresstes Olivenöl, 1 EL Rosmarin, ¼ Tasse Salbeiblätter, vier 12-Unzen-Kalbfleisch Rippe Koteletts, geschnitten, circa 2 cm dick, Salz und frisch gemahlener schwarzer Pfeffer

Rosmarin und Salbeiblätter ganz fein hacken, mit dem Olivenöl auf einer großen Platte mischen. Koteletts großzügig mit Olivenöl einreiben, salzen und pfeffern. Auf einem Holzofengrill (oder in einer großen Grillpfanne) auf mäßig großer Hitze circa 6 Minuten je Seite grillen. Danach die Koteletts auf die Platte legen, hin und her schieben, mehrmals wenden, damit die Kräuter und das Olivenöl an beiden Seiten gut haften. Immer wieder zusätzlich mit Olivenöl berieseln. Zum Schluss 3 Minuten ruhen lassen. Mit Kartoffelpüree und Gemüse der Saison servieren.

Guten Appetit!

Wie bereite ich den perfekten
Cappuccino **zu?**
Café Salar Mallorca
Coffee Company, *Seite 110*

Für den Espresso:

7 g Kaffeepulver beispielsweise der Sorte *Cafe Salar Gold.*

Das Wasser, das durch den Filter mit dem Kaffee läuft, sollte nicht heißer als 92 bis 95 Grad sein.

Die Dauer, in der das Wasser durchläuft, ist entscheidend, damit der Kaffee nicht bitter wird. Sie sollte zwischen 25 und 30 Sekunden liegen.

Die Menge sollte 30 ml dunkler konzentrierter Kaffee betragen, mit einer so genannten *crema* in haselnussbrauner Farbe und roten Schattierungen.

Wichtig ist, dass das verwendete Wasser nicht zu weich ist oder sehr mineralienhaltig, das könnte den Kaffee verändern.

Die Milchzubereitung:

Sehr wichtig ist, weder fettarme noch Magermilch, sondern Vollmilch zu verwenden. Auch muss die Milch kalt sein, denn wenn wir warme oder heiße Milch verwenden, werden wir nicht die seidenweiche cremige Milch erhalten, die wir für den Cappuccino benötigen.

Wenn wir die Milch mit Dampf erhitzen, sollten wir mit einer Hand am Boden des Glases die Temperatur kontrollieren. Die Temperatur sollte nie über 80 Grad steigen.

Die ideale Position des Dampferhitzers ist circa ein Zentimeter unter der Milchoberfläche. Die Milch sollte hochsteigen und eine cremige Konsistenz aufweisen. Bei trockenem Schaum oder zu vielen Blasen sollte die Position des Dampferhitzers verändert werden, so wird die Milch wieder cremiger.

Nun wird die seiden-schimmernde cremige Milch zu dem Espresso gefügt und fertig ist ein perfekter Cappuccino zum Genießen!

Linguine mit Languste
Ritzi, *Seite 116*

ZUTATEN FÜR 4 PERSONEN

2 Langusten, 240 g Linguine, 100 ml Olivenöl, 2 Tomaten, 200 g Frühlingslauch, 2 Knoblauchzehen, 500 g Weißwein, Salz, Pfeffer, Schnittlauch

ZUBEREITUNG

Tomatenwürfel:

Tomaten oben kreuzweise einritzen, im Topf komplett mit Wasser bedecken und kurz aufkochen lassen. Die Haut abziehen, den Strunk entfernen und in kleine Würfel schneiden.

Frühlingslauch & Knoblauch:

Den oberen Teil vom Frühlingslauch entfernen, ebenso die äußerste Schicht. Waschen und sehr fein schneiden. Die Haut vom Knoblauch entfernen und sehr fein hacken. Bitte nicht in eine Knoblauchpresse geben, da er sonst zu breiig werden würde!

Die Languste halbieren, in der Pfanne mit Olivenöl anbraten und mit Weißwein ablöschen. Den klein gehackten Knoblauch zugeben und gut 8 Minuten köcheln lassen. Den fein geschnittenen Frühlingslauch und die Tomatenwürfel zugeben, mit Salz und Pfeffer abschmecken und einmal gut durchkochen lassen, die gekochten Linguine kurz dazugeben. Auf dem Teller anrichten und zum Schluss mit Petersilie bestreuen.

Buon appetito!

Mariniertes Rinderfilet, Königskrabbe, Lychees, Gurke
Es Fum, *Seite 118*

ZUTATEN FÜR VIER PERSONEN

Rinderfilet:
220 g schieres Rinderfilet, 4 kleine Essiggurken, 3 Kapernbeeren, 2 Schalotten (geschält), Salz, Zucker, schwarzer Pfeffer aus der Mühle, Tabasco, Ketchup.
Königskrabbe:
150 g ausgelöstes Königskrabben-fleisch, 20 g Philadelphia-Frisch-käse, Salz, weisser Pfeffer aus der

Mühle, etwas Zitronensaft, etwas geschnittener Schnittlauch.
Für die Gurken und Lychees:
Gelee: 100 g Gurkensaft, 1 g „Agar-Agar", 1 Gelatineblatt.
Mousse: 180 g Gurkensaft, 65 g grüner Apfelsaft, 5 g Weissweinessig, 100 g geschla-gene Sahne, ½ Gelatineblatt,

Salz, Gurken-Apfelsaft.
Salat: ½ Gurke, etwas Olivenöl, Salz.
Lychees: 20 reife Lychees schälen, Kern entfernen und fein würfeln
Wachteleier: 4 Wachteleier, Öl zum Braten, 100 ml Rinderes-senz, 1 g „Agar-Agar", Schnitt-lauchröllchen, Fleur de Sal.

ZUBEREITUNG

Die Zutaten fein würfeln und würzen.

Das Königskrabbenfleisch klein schneiden, mit dem Philadelphia vermischen, würzen und den Schnittlauch beigeben. Das marinierte Rinderfilet auf eine Klarsichtfolie verteilen, das Königskrabbenfleisch darauf geben und so fest einrollen. Danach in gleich große Stücke schneiden und die Folie entfernen.

Agar-Agar und Gelatine im Gurkensaft auflösen, auf ein flaches Blech giessen und kalt stellen.

Essig auf 45 Grad erwärmen, die Gelatine darin auflösen, würzen. Das Ganze nun mit einem Schneebesen auf Eis aufschlagen und die Sah-ne unterheben. Ebenfalls auf ein flaches Blech geben und auskühlen lassen. Anschliessend das Gelee sowie das Mousse in 2,5 mal 2,5 cm

grosse Stücke schneiden und aufeinandersetzen.
Die Gurke schälen, die Kerne entfernen und in kleine Würfel schnei-den. Mit Olivenöl und Salz abschmecken.
Aus den Eiern Spiegeleier herstellen. Das festgewordene Eiweiss ent-fernen. *Agar-Agar* in der Essenz auflösen, Schnittlauch beigeben. Nun einen etwas größeren Ring über das Eigelb setzen, die Essenz einfüllen und festwerden lassen. Danach den Ring entfernen. Das Eigelb mit *Flor de Sal* würzen.

Alles dekorativ auf einem Teller platzieren.
Lassen Sie es sich schmecken!

Tom Kha Gai
Pinos, *Seite 120*

ZUTATEN FÜR 4-6 PERSONEN

1 Suppenhuhn, 50 g Ingwer, 10 Zitronenblätter, 5 Zitro-nengrasstangen, 1 TL grüne Currypaste, 2 TL Palmzucker,

1 Chilischote, je 1 Bund Möhren, Sellerie und Lauch, 2 Limetten, Salz, ½ Liter Kokosmilch

ZUBEREITUNG

Bei diesem Rezept ist darauf zu achten, ein Landhuhn mit gelblichem Fleisch zu kaufen, da es einen wesentlich intensiveren Geschmack be-sitzt und diesem Gericht die besondere Note gibt. Es sollte vor dem Kochen gegebenenfalls von Innereien befreit, gründlich mit kaltem Wasser abgewaschen und danach abgetupft werden.
Das Huhn mit Ingwer und Suppengemüse circa 1,5 Stunden im Salzwasser köcheln, bis das Fleisch weich ist. Landhühner brauchen immer etwas länger! Danach Gemüse und Ingwer durch ein Sieb pas-sieren und die so entstandene Brühe auf circa 1 l, unter ständigem Rühren, auf dem Herd reduzieren. Zitronengras, grüne Currypaste, Palmzucker, Chilischote, Limetten und Zitronenblätter hinzugeben und einmal kurz aufkochen lassen. Die Kokosmilch hinzugeben und ein weiteres Mal aufkochen. Zum Schluss ein zweites Mal alles durch ein Sieb passieren, mit dem Fleisch des Suppenhuhns und frischen, knusprig karamelisierten Gemüsestreifen von Lauch, Sellerie, Möhren und Ingwer anrichten.

Tipp:
Um aus dem Zitronengras das Maximum an Geschmack zu bekom-men, legen Sie es auf ein Brett, bedecken es mit einem Tuch und schla-gen ein paar Mal fest mit einem Fleischklopfer darauf! Noch besser funktioniert es, wenn das Zitronengras vorher eingefroren wird. Wer einen sehr starken Zitronengeschmack mag, nimmt noch den Abrieb einer Limette hinzu. Als Beilage passen gut Reis oder festkochende Kartoffeln aus deutschen Landen.

Guten Appetit!

Mandelkuchen
Fincahotel Can Estades, *Seite 122*

Zutaten für einen Kuchen

400 g geriebene Mandeln,
300 g Zucker, 7 Eier, Zimt,
Bittermandelöl, Zitronen-,
und Orangenschale

ZUBEREITUNG

Die Mandeln, 5 Eier, Zucker, Zimt, Bittermandelöl sowie die Schalen einer abgeriebenen Zitrone und einer abgeriebenen Orange in eine Schüssel geben. Alles so lange rühren, bis eine bisquitähnliche Masse entsteht.

Dann die restlichen 2 Eier unter ständigem Rühren zugeben und die Masse so lange weiterschlagen, bis sie zähflüssig ist.

Eine Kuchenform gut einfetten, die Masse einfüllen und im vorgeheizten Backofen bei 180 Grad circa 25 bis 40 Minuten backen.

Mit Puderzucker bestreuen, servieren.

Tipp:

Die unterschiedliche Backzeit hängt davon ab, ob Sie den Mandelkuchen mit weichem Kern (kürzere Backzeit) oder trocken (mit längerer Backzeit) bevorzugen! Guten Appetit.

Gebratene Riesengarnele mit Morcheln im Frühlingskräuter-Sud
El Patio, *Seite 132*

ZUTATEN FÜR 4 PERSONEN

500 ml Geflügelfond, ½ Bund Petersilie, ¼ Bund Kerbel, ½ Bund Basilikum, ¼ Bund Estragon, 1 Rosmarinzweig, 1 Thymianzweig, 50 ml Olivenöl, ½ Zwiebel, 2 Knoblauchzehen, 1 g Xanthan, 1 Karotte, ¼ Steckrübe, ½ Bund grüner Spargel, 100 g Tiefkühl-Erbsen, 20 g getrocknete Morcheln, 50 ml roter Portwein, 4 Riesengarnelen à 75 g, Öl zum Anbraten, Salz, Pfeffer

ZUBEREITUNG

Kräuter zupfen, Stiele aufbewahren. Von den Blättern und dem Olivenöl ein möglichst feines Pesto im Mixer herstellen. Gemüse schälen, Schalen aufbewahren, in Würfel (oder mundgerechte Stücke) schneiden und in Salzwasser kurz blanchieren und abschrecken. Portwein aufkochen und Morcheln darin einweichen, circa 10 Minuten ziehen lassen. Anschließend abpassieren und den Portwein dem Geflügelfond zufügen. Diesen nun mit den Kräuterstielen, Gemüseabschnitten, der Zwiebel und dem Knoblauch aufkochen und abgedeckt etwa 1 Stunde ziehen lassen. Den Fond abpassieren, nochmals aufkochen und mit Xanthan leicht abbinden.

Garnelen schälen und den Darm entfernen. Mit Salz und Pfeffer würzen und in dem Olivenöl kurz glasig braten. Warm stellen. Das Gemüse mit den Morcheln in derselben Pfanne kurz sautieren, mit Salz und Pfeffer würzen. Den Fond aufkochen und mit dem Kräuterpesto grün färben.

Anrichten:

Etwas Fond in einen tiefen Teller geben, das Gemüse flach darauf verteilen und darauf die gebratenen Garnelen setzen. Mit Kräuterspitzen und eventuell einer Kapuzinerblüte garnieren.

Bon profit!

Rindertartar Asiatisch
Trespais, *Seite 134*

ZUBEREITUNG UND ZUTATEN
FÜR 4 PERSONEN

Rindertartar:

400 g Rinderfilet, Saft von 2 Limetten, 5 Blätter Koriander, 2 El Olivenöl, 4 El Sojasauce, 1 kleine rote Zwiebel, 10 Scheiben rosa Sushi-Ingwer, 1 Avocado, Salz, Pfeffer, Thai-Curry-Pulver, 1 reife Mango (am besten Flugware).

Das Rinderfilet erst in dünne Scheiben schneiden, anschließend die Scheiben in Streifen und zum Schluss in kleine Würfelchen. Limetten auspressen und den Saft zusammen mit dem Olivenöl und der Sojasauce in eine Schüssel geben. Die Zwiebel fein hacken, die Avocado in circa 5 mm große Stücke schneiden. Den Ingwer zusammen mit dem Koriander hacken und sofort in die Olivenöl-Soja-Mischung geben. Eine Messerspitze Thai-Curry-Pulver untermischen.

Nun das Rinderfilet dazugeben, alles mit Salz und Pfeffer vermengen. Abschmecken und nach Belieben mit etwas Chilli oder Limettensaft verfeinern. Zum Schluss die Mango schälen und der Länge nach in vier Scheiben schneiden.

Das Tartar in einem Ring oder als Nocken auf der Mango anrichten.

Gegrillter Spargel:

1 Bund grüner Spargel, 4 EL Olivenöl, eine Prise „Flor de Sal".

Grünen Spargel am besten frisch auf dem Markt kaufen. Am unteren Ende kappen (er muss nicht geschält werden, ist aber besser!). Reichlich gutes Olivenöl in eine Pfanne geben, den Spargel kurz darin anbraten, bis er noch leicht knackig ist. Aus der Pfanne nehmen und auf ein Küchenpapier legen, mit dem Saft einer Limette beträufeln und mit dem Meersalz bestreuen. Alles zusammen anrichten.

Guten Appetit!

Paella mit Fisch und Meeresfrüchten
Layn, *Seite 136*

UND ZUTATEN
FÜR VIER PERSONEN

100 g sehr gutes Olivenöl (Virgen), 2 Knoblauchzehen, 100 g Zwiebeln, 100 g rote Paprika, 100 g grüne Bohnen, 300 g marktfrische Garnelen,

400 g frischer Hummer oder Languste, 300 g frische Miesmuscheln, 200 g frische Stab- oder Herzmuscheln, 200 g frischer Tintenfisch, 200 g frischer Weissfisch, ohne

Gräten (Seeteufel, o.ä.), 400 g guter Reis, 3 Tomaten, 800 ml Fischsud, Safran, Salz, Pfeffer.

ZUBEREITUNG

Knoblauch hacken, Zwiebeln in sehr kleine Stücke schneiden, Paprika würfeln. Hummer in Scheiben schneiden, Tintenfisch und Seeteufel in kleine Stücke. Tomate mit einem Messer einritzen, in heisses Wasser legen und 2 bis 3 Minuten sieden. Auf eine Gabel nehmen, Haut abziehen, würfeln.

Nun Knoblauch und Zwiebeln leicht anbraten. Garnelen, Hummer, Muscheln und Tintenfisch hinzufügen, zum Schluss Paprika und Bohnen untermischen. Mit Salz und Pfeffer abschmecken. Tomate hinzufügen und leicht anbraten. Sobald die Tomate ihre Farbe verändert, Reis und Safran untermischen. So lange rühren, bis sich alles gut miteinander verbunden hat. Seeteufel hinzufügen, Fischsud zugiessen und kurz aufkochen lassen. Temperatur nach unten regulieren und 5 Minuten köcheln lassen. Danach noch 10 Minuten in den mit 200 Grad vorgeheizten Ofen geben. Mit Alufolie abdecken, damit der Fisch nicht verbrennt. Vor dem Servieren 5 Minuten ruhen lassen. Listo.

Guten Appetit!

Tipp: Kaufen Sie Fisch und Gemüse am besten auf dem Markt, dort ist es am frischesten. Hier bekommen Sie auch einen guten Paellareis und echten Safran, was besonders wichtig für das gute Gelingen dieses typisch spanischen Gerichtes ist. Die gelbe Farbe können Sie mit der zugegebenen Menge an Safran individuell bestimmen. Safranpulver färbt sehr stark und wird meistens künstlich hergestellt. Daher lohnt es sich, echten Safran zu besorgen. Den gibt es übrigens auch in den meisten gut sortierten Supermärkten auf Mallorca!

Gefülltes Milchlamm mit Paprikatartar
Media Luna, *Seite 138*

ZUBEREITUNG UND ZUTATEN
FÜR 2 PERSONEN

Milchlamm:

6 Rippen vom Milchlamm, 2 Tomaten, einige Blätter Chinakohl, 3 EL Olivenöl, 1 Knoblauchzehe, Salz, Pfeffer, Orangenschale, Pflanzenöl.

Zuerst das Milchlamm im Backofen mit der ganzen, geschälten Knoblauchzehe, etwas Salz und der abgeriebenen Schale einer Orange (oder einer Zitrone!) bei 60 Grad 2,5 Stunden lang garen.

In der Zwischenzeit die Tomaten einritzen und 1 Minute lang in kochendes Wasser legen. Herausnehmen, kurz abkühlen lassen, die Haut abziehen und in grobe Stücke zerkleinern. Nun das Lammfleisch leicht einritzen, mit Tomatenstücken füllen. Chinakohl in Streifen schneiden, die Lammrippen damit einwickeln.

Das Lamm in eine tiefe Reine legen und komplett mit Pflanzenöl bedecken. Nun 50 Minuten bei 60 bis 70 Grad im Backofen garen, so wird es wunderbar zart. Herausnehmen, auf Küchenkrepp abtropfen lassen und in Scheiben schneiden. Zum Schluss noch kurz in der Pfanne mit Olivenöl anbraten.

Paprikatartar:

Je 1 rote und 1 gelbe Paprika, 1 EL Olivenöl, 2 EL Thymian, Saft einer halben Zitrone, Salz, Pfeffer

Die Paprikaschoten waschen und mit einem Gemüseschäler die Haut entfernen. Würfeln, mit Olivenöl, Thymian, Zitronensaft, Salz und Pfeffer mischen und abschmecken.

Serviervorschlag:

Die Lammrippen auf dem Paprikatartar anrichten, mit Blättern von Stiefmütterchen und ein paar Tropfen Balsamicocreme auf einem Teller anrichten.

Wohl bekomm´s!

Kulinarisches Wörterbuch Deutsch – Spanisch

Der Deutschen liebste Urlaubsinsel Mallorca hat nicht nur den Vorteil, das sie sehr gut erreichbar ist – teilweise schneller als innerhalb Deutschlands -, sondern der deutsche Tourist sich auch sehr gut in seiner Muttersprache verständigen kann. Viele Mallorquiner sprechen ein paar Brocken Deutsch und/oder Englisch, da der Tourismus vor allem auf den deutschen und englischen Markt ausgerichtet ist. Allerdings ist es durchaus sinnvoll, etwas Spanisch in den schier unerschöpflichen Redefluss einzubauen. Hier ein paar Tipps, die manchmal Wunder wirken können, um Land und Leute besser verstehen und kennenzulernen:

Begrüßung:

¡Hola!
Hallo!

¿Qué tal?
Wie geht´s?

¡Adiòs!
Auf Wiedersehen!

¡Buenos días!
Guten Morgen!

¡Buenas tardes!
Guten Tag!

¡Buenas noches!
Gute Nacht!

¡Por favor!
Bitte!

¡Gracias!
Danke!

Nach dem Weg fragen:

¿Dónde está la calle xy?
Wo ist die Straße xy?

¿Dónde está la parada de autobús / taxi?
Wo ist die Bus / Taxihaltestelle?

¿Cómo puedo llegar al aeropuerto / hotel / aeropuerto, etc.
Wie komme ich zum a Palma, Flughafen / Hotel / nach Palma, usw.

Ausgehen:

¿Qué restaurante puede recomendar?
Welches Restaurant können Sie empfehlen?

¿Dónde puedo comer el mejor pescado / carne / algo típico?
Wo kann ich den besten Fisch / Fleisch / etwas

Typisches essen?

Quiero reservar una mesa para dos / tres / cuatro personas.
Ich möchte einen Tisch für 2 / 3 / 4 Personen etc. reservieren

¿Hay una mesa libre?
Haben Sie einen freien Tisch?

Tomo carne / pescado
Ich nehme Fleisch / Fisch

¿Cuál es su especialidad?
Was ist Ihre Spezialität?

¿Me puede recomendar un buen vino?
Können Sie mir einen guten Wein empfehlen?

¿Qué hay de postre?
Was gibt es als Dessert?

¡Oiga, por favor!
Hören Sie bitte!

¡La cuenta, por favor!
Die Rechnung bitte.

Pago con tarjeta.
Ich zahle mit Kreditkarte.

Pago en efectivo.
Ich zahle in bar.

Agua
Wasser

Vino
Wein

Vino blanco
Weißwein

Vino tinto
Rotwein

Caña
Bier vom Fass

Cerveza
Bier aus der Flasche

Cava
Sekt

Zumo
Saft

Pescado
Fisch

Pescado a la sal
Fisch in der Salzkruste

Calamares
Tintenfische

Bacalao
Kabeljau

Lenguado
Seezunge

Rape
Seeteufel

Lubina
Wolfsbarsch

Merluza
Seehecht

Salmón
Lachs

Dorada
Goldbrasse

Llampuga
Blitz-oder Gewitterfisch

Mariscos
Meeresfrüchte

Gambas
Garnelen

Langostinos
Riesengarnelen

Langosta
Languste

Bogavante
Hummer

Caldereta de pescado
Fischeintopf

Almejas
Herzmuscheln

Solomillo
Filet

Ternera
Kalbfleisch

Escalope

Schnitzel, unpaniert

Pollo
Huhn

Cordero
Lamm

Cabrito
Zicklein

Conejo
Kaninchen

Cerdo
Schwein

Lechona
Spanferkel

Cocido
Fleischeintopf

Arroz
Reis

Fideos
Nudeln

Auf dem Markt:

¿Cuánto vale?
Was kostct das?

Lo tomo.
Ich nehme es.

Fruta
Früchte

Verduras
Gemüse

Lechuga
Kopfsalat

Calabacines
Zucchini

Cebolla
Zwiebel

Alcachofas
Artischocken

Espárragos
Spargel

Col
Kohl

Patata
Kartoffel

Pimientos
Paprikaschoten
Tomates
Tomaten
Alcaparras
Kapern
Aceitunas
Oliven
Fruta
Obst
Higo
Feigen
Limón
Zitronen
Naranja
Orangen
Melocotón
Pfirsich
Melón
Melone
Piña
Ananas
Manzana
Apfel
Uva
Traube
Pan
Brot
Miel
Honig
Mantequilla
Butter
Queso
Käse
Leche
Milch
Huevo
Ei
Helado
Eis
Pastel
Kuchen
Almendra
Mandel

Zahlen:

Uno
Eins
Dos
Zwei
Tres
Drei
Cuatro
Vier
Cinco
Fünf
Seis
Sechs

Siete
Sieben
Ocho
Acht
Nueve
Neun
Diez
Zehn
Once
Elf
Doce
Zwölf
Trece
Dreizehn
Catorce
Vierzehn
Quince
Fünfzehn
Dieciséis
Sechzehn
Diecisiete
Siebzehn
Dieciocho
Achtzehn
Diecinueve
Neunzehn
Veinte
Zwanzig
Veintiuno
Einundzwanzig
Veintidós etc
Zweiundzwanzig, usw.
Treinta etc
Dreissig, usw.
Cuarenta etc
Vierzig, usw.
Cincuenta etc
Fünfzig, usw
Sesenta etc
Sechzig, usw.
Setenta etc
Siebzig, usw.
Ochenta etc
Achtzig, usw.
Noventa etc
Neunzig, usw.
Cien
Hundert
Ciento uno
Hundereins
Ciento dos etc
Hundertzwei, usw
Mil
Tausend

Arzt und Apotheke

Tiene algo contra el dolor de cabeza / la tos / el resfriado / la quemadura de sol?
Haben Sie etwas gegen Kopf-Schmerzen / Husten / Schnupfen / Sonnenbrand?
¿Dónde hay un médico que hable alemán?
Wo gibt es einen Arzt, der Deutsch spricht?
¿Dónde hay un médico / una farmcia / un hospital ?
Wo ist ein Arzt / eine Apotheke / ein Krankenhaus?

Strand & Meer

¿Dónde está la playa / puerto xy?
Wo ist der Strand / Hafen xy?
¿Qué playa tranquila y romántica me puede recomendar?
Welchen ruhigen und romantischen Strand können Sie mir empfehlen?
¿Dónde hay una playa para toda la familia?
Wo gibt es einen Strand für die ganze Familie?
¿Dónde puedo comprar una sombrilla / colchones / jueguetes para la playa?
Wo kann ich einen Strand-Sonnenschirm / Luftmatratzen / Kinderspielsachen in der Nähe kaufen?

Kinder & Familie

¿Hay un kids club aquí cerca?
Gibt es in der Nähe Kinderbetreuung?

Rezeptverzeichnis

Rezeptverzeichnis

Adress-verzeichnis

Asador es Teatre
Manolo Barahona Vidal
Plaça Sant Bartolomé, 4 (neben Casa Manolo)
Telefon 00 34 / 9 71 64 95 40
administracion@asadoresteatre.com
www.asadoresteatre.com

Bodega Ana Vins
Thomas & Alexandra Neumann
Carrer San Vicente de Paul, 15
E- 07350 Binissalem
Telefon 0034 / 605 28 36 85
info@ana-vins.com
www.ana-vins.com

Ana Vins Vertrieb Deutschland
Alexandra Neumann
Am Blütenring 29
D - 80939 München
Telefon 0049 (0)160 / 97 78 43 06
Fax 0049 (0)89 / 32 45 59 56
info@ana-vins.com
www.ana-vins.com

Ana Vins Vertrieb Spanien
Francisco Pol (spricht deutsch)
Carrer San Vicente de Paul, 15
E- 07350 Binissalem
Telefon: 0034 / 605 28 36 85
|info@ana-vins.com
www.ana-vins.com

Bodega Barahona – Casa Manolo
Manolo Barahona Vidal
Plaça Sant Bartolomé, 2 (neben der Kirche)
E-07640 Ses Salines
Telefon 00 34 / 971 64 91 30
bodegon@telefonica.net
www.bodegabarahona.com

Bodegues Macià Batle
Ramón Servalls i Batle
Camí de Coanegra, s/n
E-07320 Santa Maria del Camí
Telefon 00 34 / 9 71 14 00 14
Telefax 00 34 / 9 71 14 00 86
correo@maciabatle.com
www.maciabatle.com

Bodegues Ribas
Araceli Servera Ribas
& Xavier Servera Ribas
Carrer de Muntanya, 2
E - 07330 Consell
Telefon 0034 / 9 71 62 26 73
Araceli@bodegaribas.com
www.bodeguesribas.com

Café Salar Mallorca Coffee Company
Enrique Salar & Karen Bragagnolo
Carrer Tomas y Villa, 2
E-07014 Palma de Mallorca
Telefon 00 34 / 9 71 49 51 51 und
00 34 / 6 80 98 89 99
home@cafesalar.com
www.cafesalar.com

Ca Na Toneta
Maria & Teresa Solivellas Rotger
Carrer Horitzó 21
E - 07314 Caimari
Telefon 0034 / 9 71 51 52 26
info@canatoneta.com
www.canatoneta.com

Can Estades
Finca-Hotel
Christiane Zube & Norbert Amthor
Camí de Son Pillo, 15
E - 07184 Calvià
Telefon 0034 / 9 71 67 05 58
info@can-estades.com
www.can-estades.com

Casal Santa Eulalia
Hotel & Restaurante
Familie Fiol-Malondra
Ctra. Santa Margalida a Pto. de Alcudia, Km 2
E-07458 Santa Margalida
Telefon 00 34 / 9 71 85 27 32
Telefax 00 34 / 9 71 85 08 90
info@casal-santaeulalia.com
www.casal-santaeulalia.com

Cases De Son Barbassa Finca
– Agroturisme
Joan und Baltasar Bonnin Moyá
Ctra. Cala Mesquida – Cami de Son Barbassa
E-07580 Capdepera
Telefon 00 34 / 9 71 56 57 76
Telefax 00 34 / 9 71 56 60 57
info@sonbarbassa.com
www.sonbarbassa.com

Cassai Gran Café & Restaurant
Joan Nadal
Carrer Sitjar, 5
E - 07640 Ses Salines
Telefon 0034 / 9 71 64 97 21
info@cassai.es
reservas@cassai.es
www.cassai.es

Celler Can Amer
Tomeu Torrens Cantallops
Carrer Pau, 39
Telefon 00 34 / 9 71 50 12 61
Bistro S'angel
Plaça d'Angel, 2
Telefon 00 34 / 9 71 88 04 73
The Corner Vins I Locors
Carrer Sant Francesc, 1
E-07300 Inca
Telefon 00 34 / 6 79 19 66 94
cellercanamer@gmail.com
www.celler-canamer.com

Colón
Dieter Sögner
Carrer Cristobal Colón, 7
07670 Portocolom
Telefon 0034 / 97 1 82 47 83
info@restaurante-colon.com
www.restaurante-colon.com

Comestibles Can Cabrer
José Cabrer Fito und Maria González Durán
Carrer Antoni Blanes, 25
E-07570 Artà
Telefon 00 34 / 9 71 83 63 57 und
00 34 / 6 79 63 97 69
comestibles.cancabrer@yahoo.es

Der Mallorquiner
Georg Weimert
Johann-Philipp-Reis-Straße 11
D-53332 Bornheim
Telefon 0049 (0) 2222 / 9 27 36 11
Telefax 0049 (0) 2222 / 9 27 36 10
info@mallorquiner.com
www.mallorquiner.com
www.mallorcawein1314.de

Jardín
Macarena & Daniel de Castro
Carrer Tritones, s/n
E - 07400 Port d'Alcúdia
Telefon 0034 971 89 23 91
info@restaurantejardin.com
www.restaurantejardin.com

El Patio
Manuela Aichinger, Jens Krumbiegel
& Emmerich Reutter
Carretera des Port 26
E - 07157 Port d'Andratx
Telefon 0034 / 971 67 17 03
info@restaurante-elpatio.com
www.restaurante-elpatio.com

Es Fum
Thomas Kahl
St. Regis Mardavall Mallorca Resort
Passeig Calvià, s/n
E - 07181 Costa d'en Blanes/Calvià
Telefon 00 34 / 9 71 629 629
www.restaurant-esfum.com

Es Passeig
Marcel & Yvonne Battenberg
Paseo de la Playa n° 8 bajos
E - 07108 Port de Sóller Mallorca
Telefon 0034 / 9 71 63 02 17
Fax 0034 / 9 71 63 13 36
info@espasseig.com
www.espasseig.com

Es Pati
Sarah und Felix Trappe
Carrer Soler, 22
E-07530 Sant Llorenç des Cardassar
Telefon 00 34 / 9 71 83 80 14
info@es-pati.com
www.es-pati.com

Es Racó des Teix
Josef & Leonor Sauerschell
Lugar Zona Sa Vinya Vella, s/n
E- 07179 Deià
Telefon: 0034 / 971 63 95 01
info@esracodesteix.es
www.esracodesteix.es

Feinkost Farnetani
Wine & more
Walter Sacchetti
Carrer Alicante, 13,
Pol. Ind. Son Bugadelles
07180 Santa Ponça - Calvià
Telefon 00 34 9 71 69 93 02
Telefax 00 34 9 71 69 93 07
feinkost.mallorca@hotmail.de

Hotel Convent de la Missiò
Direktorin: Carmen Sans
Carrer de la Missió, 7 a
E - 07003 Palma de Mallorca
Telefon: 0034 / 9 71 22 73 47
www.conventdelamissio.com

Hotel & Restaurant Cort
Direktorin: Barbara Wunderlich
Plaça de Cort, 11
E - 07001 Palma de Mallorca
Telefon 0034 / 971 21 33 00
Telefax 0034 / 971 21 33 33
info@hotelcort.com
www.hotelcort.com

Hotel Santanyí
Living Houses
Silke & Martin Berdan
Plaça Constitució, 7
E-07650 Santanyí
Telefon 00 34 / 9 71 64 22 14
info@hotel-Santanyi.com
www.hotel-Santanyi.com
www.piedra-santanyí.com

La Calatrava
Vanessa Jane Davidson
Carrer Ses Roques, 13
E-07570 Artà
Telefon 00 34 / 9 71 83 66 63
info@lacalatrava.com
www.clubcanmoray.com

Layn
Antonia Bestard Porcel
Avinguda Almirall Riera Alemany, 20
E - 07157 Port d' Andratx
Telefon 0034 / 9 71 67 18 55
Telefax 0034 / 9 71 67 30 11
toninaina@layn.net
www.layn.net

La Reserva Rotana
Private Golf & Wine Resort
Loretta zu Sayn-Wittgenstein & Tiffany Theler
Camí de Bendris km 3
E - 07500 Manacor, Baleares
Telefon 0034 971845685
Telefax 0034 971555258
info@reservarotana.com
www.reservarotana.com

Media Luna
Cucina italiana
Denis Ascione & Walter Sacchetti
Avinguda Gabriel Roca, 24
E -07157 Port d'Andratx
Telefon 00 34 / 971 67 27 16
Fax 00 34 / 971 67 10 57
medialuna@hotmail.de
www.restaurantemedialuna.com

Molí des Torrent
Herta & Peter Himbert
Carretera de Bunyola, 75
E - 07320 Santa María del Camí
Telefon 0034 / 9 71 14 05 03
info@molidestorrent.de
www.molidestorrent.de

Oli des Mirant
Joan Jaume Mas und Ramona Soler Vilarrasa
Telefon 00 34 / 6 07 30 47 92
info@olidesmirant.com
www.olidesmirant.com
ZENTRALER VERKAUFSPUNKT:
La Pajarita (Delikatessengeschäft)
Carrer San Nicolau, 24E-07012
Palma de Mallorca
Telefon 00 34 / 9 71 71 18 44

Otto Mare
Gabriele Imhoff & Miquel xy
Dársena de Ca'n Barbará
E - 07015 Palma de Mallorca
Telefon 0034 / 9 71 40 23 12
reservas@ottorestaurante.com
www.ottorestaurante.com

Pinos
Oldus Weisser
Carrer dels Hams, 1
E- 07183 Sol de Mallorca
Pidy1@web.de
Telefon 0034 / 9 71 13 30 93
www.restaurante-pinos.com

Predi Son Jaumell Hotel Rural
Restaurant Andreu Genestra
Hoteldirektor: Steven Servaes
Restaurantinhaber: Andreu Genestra
Carretera Cala Mesquida Km1
Desvío Camino Son Moltó
E-07580 Capdepera
Telefon 00 34 / 9 71 81 87 96
Telefax 00 34 / 9 71 56 66 18
info@hotelsonjaumell.com
www.andreugenestra.com
www.hotelsonjaumell.com

Pura Vida
Karl-Heinz Mülle & Carolin Hartmüller
Carrer Tomarinar, 25
E - 07659 Cala Figuera
Telefon 00 34 / 971 16 55 71
info@pura-vida-mallorca.com
www.pura-vida-mallorca.com

Provenzal
Florian Zweig
Carrer Apuntadors, 3
E - 07012 Palma de Mallorca
Telefon 0034 / 9 71 72 08 17
Telefax 0034 / 9 71 7 2 90 38
info@grupogoldendoor.com
www.grupogoldendoor.com

Restaurant im Hotel Santanyi
Silke & Martin Berdan
Plaça Constitució, 7
E-07650 Santanyí
Telefon 00 34 / 9 71 64 22 14
info@hotel-Santanyi.com
www.hotel-Santanyi.com
www.piedra-santanyí.com

Rialto Living
Barbara Bergman & Klaas Kall
Carrer Sant Feliu, 3
E-07012 Palma de Mallorca
Telefon 00 34 / 9 71 71 33 31
Telefax 00 34 / 9 71 49 53 16
info@rialtoliving.com
www.rialtoliving.com

Ritzi
Antonio & Salvatore Langobardi
Local 34-35
E - 07181 Port Portals
Telefon 0034 / 9 71 68 41 04
ritzirestaurant@hotmail.com
info@ritzi-portals.com
www.ritzi-portals.com

Sazón
Albert van Kooten
Carrer Apuntadors, 4
E-07012 Palma de Mallorca
Telefon 0034 / 9 71 72 08 17
Telefax 0034 / 9 71 7 2 90 38
info@grupogoldendoor.com
www.grupogoldendoor.com

Simply Fosh
Marc Fosh
Carrer de la Missió, 7 a
E -07003 Palma de Mallorca
Telefon 0034 / 9 71 72 01 14
reservas@simplyfosh.com
www.simplyfosh.com
www.marcfosh.com

Son Brull Boutique Hotel & Spa
Familie Suau
Crta. Palma- Pollença PM 220, Km 49,8
E – Pollença
Telefon 0034 / 9 71 53 53 53
info@sonbrull.com
www.sonbrull.com

Son Caulelles
Physio & Wellness
Hotel / Day Spa Pascal Bleek
Cami des Mirador
E - 07141 Sa Cabaneta
Telefon 0034 / 664 67 42 74
info@son-caulelles.com
www.son-caulelles.com

Son Gener Hotel Rural
Familie Esteva & Cañellas
Ctra. Vella Son Servera - Artà Km 3 ·
E-07550 Son Servera
Telefon 00 34 / 9 71 18 36 12
und 00 34 / 9 71 18 37 36
Telefax 00 34 / 8 71 70 60 16
hotel@songener.com
www.songener.com

Sporting Club Fidel
Onika Sögner
Carrer Cristobal Colón, 3
E – 07670 Portocolom
Telefon: 0034 / 97 1 82 47 34
www.clubfidel.com

Trespais
Jenny Terler & Domenico Curcio
Carrer Antonio Callafat, 24
E - 07157 Port d'Andratx
Telefon 0034 / 9 71 67 28 14
info@trespais-mallorca.com
www.trespais-mallorca.com

Impressum

© 2013 NEUER UMSCHAU BUCHVERLAG GMBH
Neustadt an der Weinstrasse

RECHERCHE
Eva von Oheimb, Mallorca

TEXTE
Eva von Oheimb (Autorin), Mallorca
evavonoheimb@telefonica.net

Bettina Neumann (Co-Autorin), Mallorca
bettina.neumann9@gmail.com

FOTOS
Nando Esteva, Mallorca
www.nandoesteva.com

LEKTORAT
Regina Jooß, München
Nina Wöstmann, Gütersloh

PRODUKTION
Eva von Oheimb, Mallorca

GESTALTUNG
Jaime Sicre
jaime.sicre@gmail.com

KARTE
Trantow Atelier, Grafik & Illustration, Herbolzheim

DRUCK UND VERARBEITUNG
NINO Druck GmbH, Neustadt/Weinstraße

Printed in Germany
ISBN: 978-3-86528-456-3

Wir bedanken uns für die freundlicherweise zur Verfügung gestellten Bilder bei:

© Flor de Sal d'es Trenc (S. 73 - Fotografen: Oliver Brenneisen und Eric Froesse), Casal Santa Eulalia (S. 44), Predi Son Jaumell Hotel Rural & Restaurant Andreu Genestra (S. 54), La Reserva Rotana Private Golf & Wine Resort (S. 66), Hotel & Restaurant Cort (S. 100), Restaurant Es Fum (S. 118).

Texte Eva von Oheimb:
S. 13, S. 16, S. 18, S. 20, S. 22, S. 26, S. 28, S. 34, S. 38, S. 40, S. 64, S. 66, S. 68, S. 74, S. 84, S. 90, S. 92, S. 100, S. 102, S. 104, S. 106, S. 116, S. 118, S. 120, S. 122, S. 124, S. 126, S. 130, S. 132, S. 134, S. 136, S. 138, S. 140 (Teil), S. 148 (Teil), S. 170, S. 172, S. 178, S. 184

Texte Bettina Neumann:
S. 24, S. 32, S. 36, S. 42, S. 44, S. 48, S. 50, S. 52, S. 54, S. 56, S. 60, S. 62, S.64, S. 72, S. 76, S. 78, S. 80, S. 82, S. 88, S. 96, S. 98, S. 108, S. 110, S. 114, S. 140 (Teil), S. 148 (Teil), S. 178 (Teil)

Besuchen Sie uns im Internet:
www.umschau-buchverlag.de